張猛龍千字文

若庵 尹信行 編著

序 文

천자문에 관한 이야기로, 옛날 전하는 바에 의하면, 梁武帝는 王羲之의 글씨를 매우 좋아해서 周興嗣에게 命하여 王羲之의 글씨 1000자로 글을 짓게 하였습니다. 네 글자를 한 句로 하여 天地, 自然, 社會, 歷史, 倫理, 敎育 등에 관한 知識 二百五十句로 구성하였으며 千字 中에 한 자도 重複됨이 없이 句를 지었다는 것은 作者인 周興嗣의 고뇌를 가히 엿볼 수 있겠습니다.

또한 단 하루 동안에 千字文을 완성하느라 검은 머리가 하룻밤 사이에 白髮이 되었다 하여 一名 白首文이라고도 합니다.

이러한 千字文은 여러 방면의 啓蒙과 敎育이 함께 敍述되어 있어 六朝時代 以後 널리 쓰여지기 시작했고 歐陽詢, 褚遂良, 懷素, 韓石峰, 文徵明 등의 大家들 뿐만 아니라 수많은 書家들이 各其 書體와 品格이 다르게 千字文이 筆寫되어 왔고 集字되어 왔습니다.

따라서 千字文은 비록 先人들의 歷史的 過程을 거쳐 創造한 것이라고 해도 반드시 하나의 固定된 標準樣式이 될 수는 없습니다. 왜냐하면 書藝家의 心想이 바로 法으로 나타나 독특한 特性을 가지고 있기에 각각이 생명력을 가지고 있기 때문입니다.

이로 본다면 무릇 功績을 세운 書藝家는 각기 獨特한 法을 통하여 그 훌륭한 名聲을 後世에 남기었고 이른바 先人들의 法이라는 것은 後人들로 하여금 새로운 思考를 啓發하고 創造하는 原動力이 되어 왔습니다.

이제 集字된 張猛龍 千字文과 隸書 千字文이 大同小異한 文字 속에 새로운 書藝 創作活動에 뜻을 가진 作家와 書室에서 後學을 가르치고 배우는 이들에게 多樣한 資料를 提供하는 契機가 되기를 祈願합니다.

2009년 1월

右庵 尹 信 行

天
地
玄
黄

宇
宙
洪
荒

天 하늘 천・地 땅 지・玄 검을 현・黃 누를 황

宇 집 우・宙 집 주・洪 넓을 홍・荒 거칠 황

天地玄黃宇宙洪荒
하늘과 땅은 검고 누르며, 우주는 넓고 크다.

日 날 일 · 月 달 월 · 盈 찰 영 · 昃 기울 측

辰 별 진 · 宿 잘 숙 · 列 벌릴 렬 · 張 베풀 장

日月盈昃 辰宿列張

해와 달은 차고 기울며, 별은 벌려 있다.

日

月

盈

昃

辰

宿

列

張

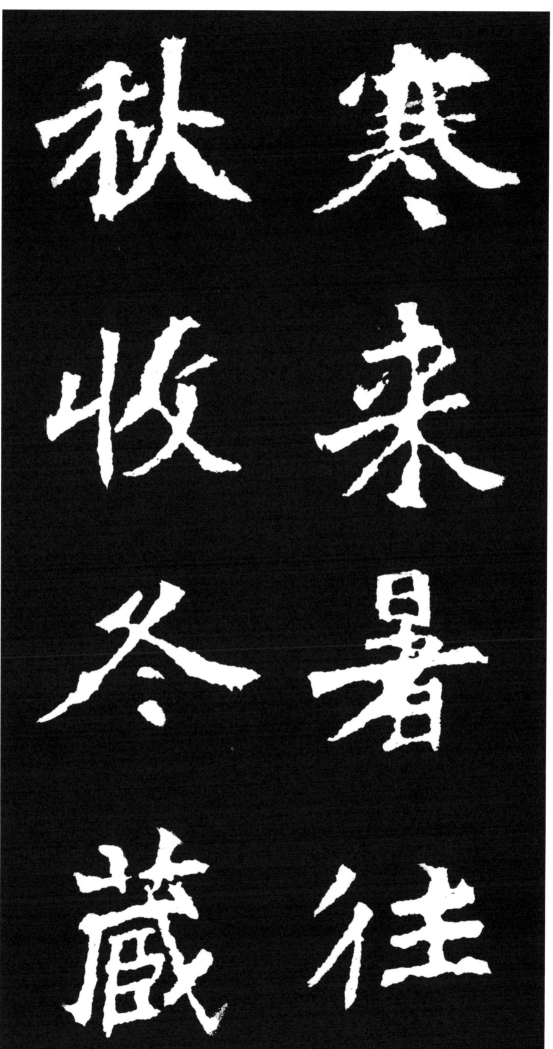

寒 찰 한 · 來 올 래 · 暑 더울 서 · 往 갈 왕

秋 가을 추 · 收 거둘 수 · 冬 겨울 동 · 藏 감출 장

寒來暑往 秋收冬藏
추위가 오면 더위는 가며, 가을에는 거두어들이고 겨울에는 갈무리한다.

律
閏

餘

呂

成

調

陽

歲

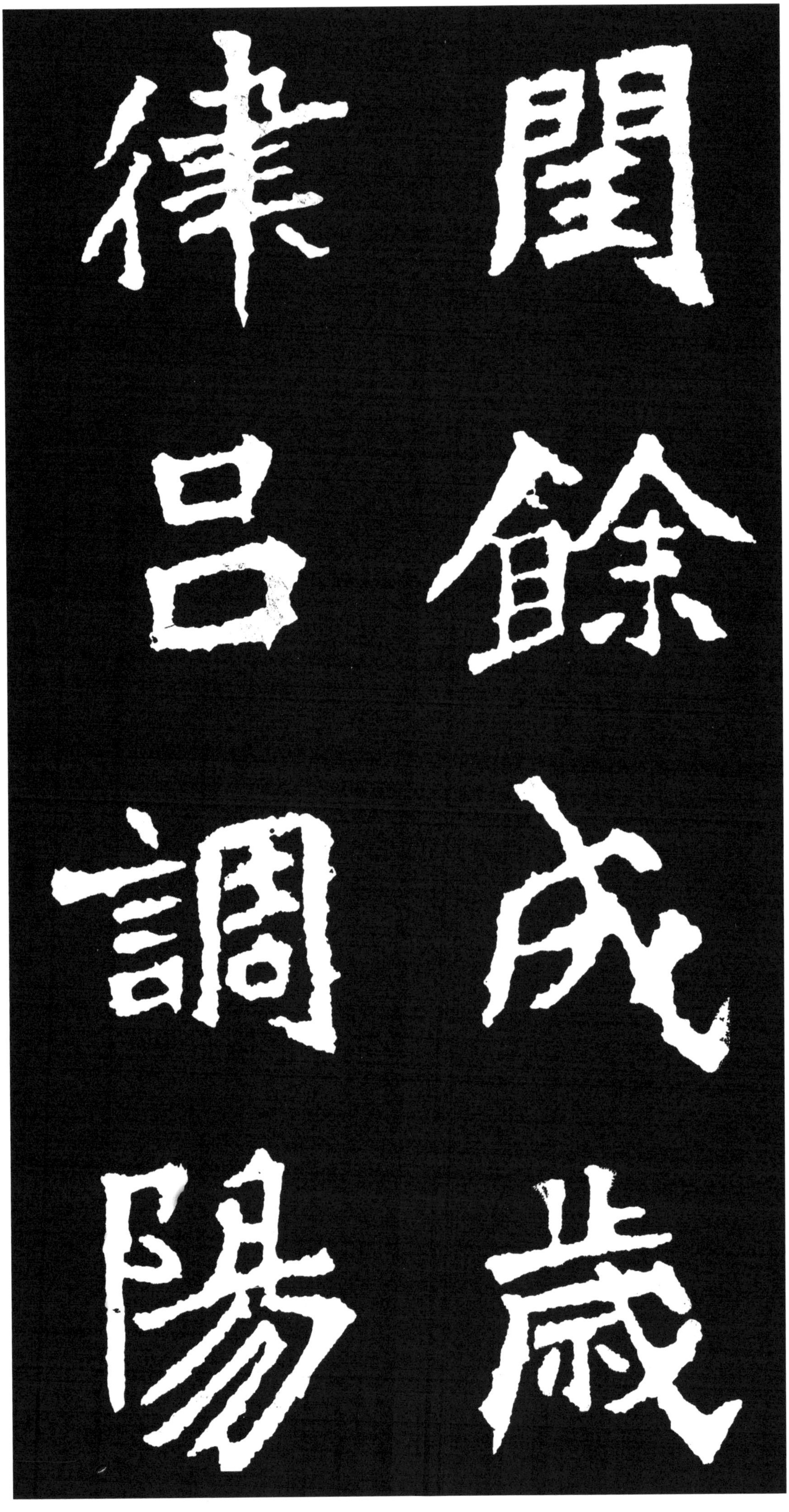

閏餘成歲 律呂調陽
남는 윤달로 해를 완성하며、음율로 음양을 조화시킨다.

8

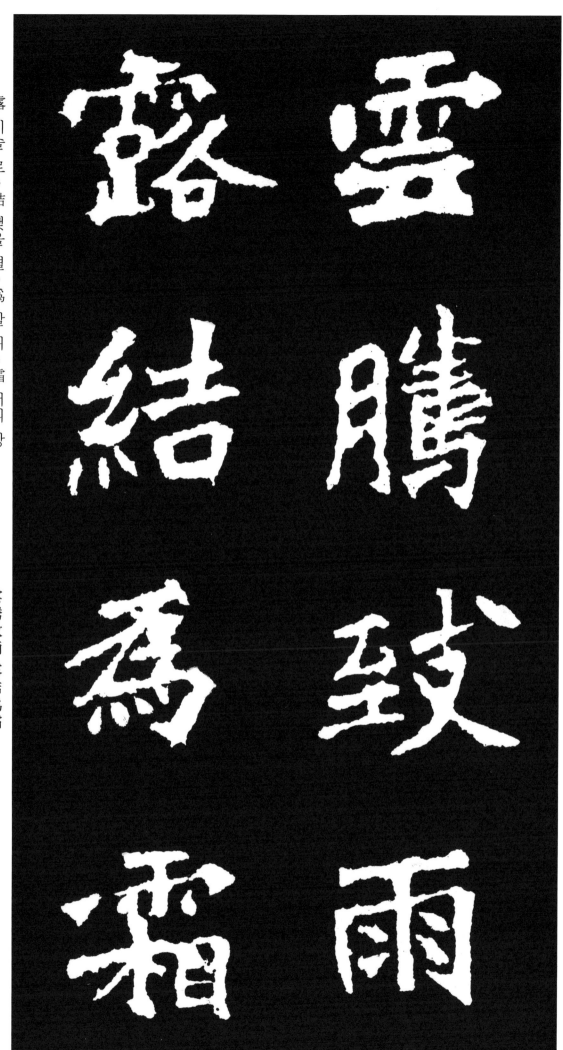

雲 구름 운・騰 오를 등・致 이를 치・雨 비 우

露 이슬 로・結 맺을 결・爲 할 위・霜 서리 상

雲騰致雨 露結爲霜
구름이 날아 비가 되고, 이슬이 맺혀 서리가 된다.

9

金生麗水　玉出崑岡

金 쇠 금 • 生 날 생 • 麗 고울 려 • 水 물 수

金生麗水 玉出崑岡
금(金)은 여수(麗水)에서 나고, 옥(玉)은 곤륜산(崑崙山)에서 난다.

玉 구슬 옥 • 出 날 출 • 崑 메 곤 • 岡 메 강

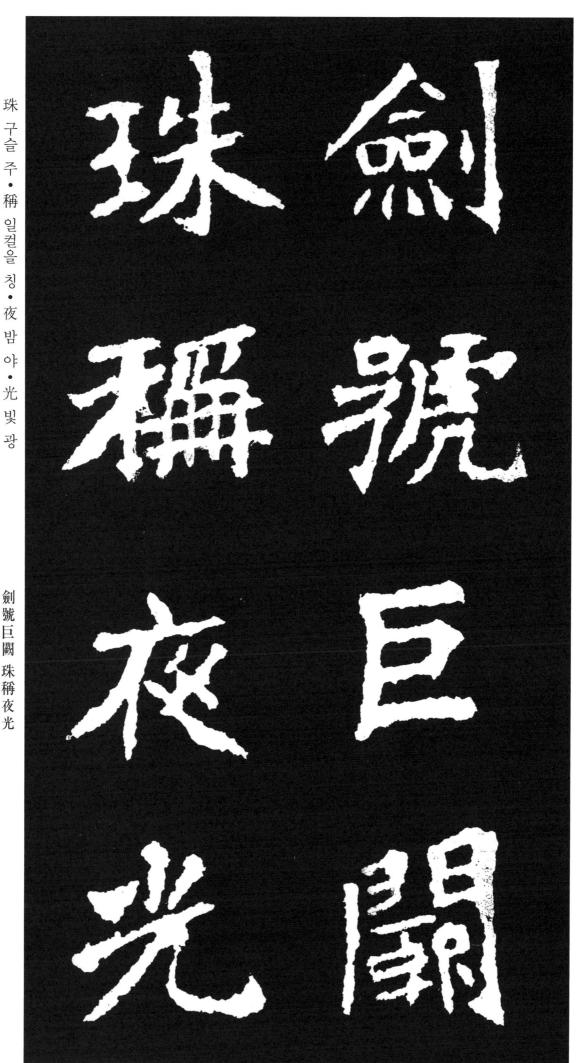

劍 칼 검・號 이름 호・巨 클 거・闕 대궐 궐

珠 구슬 주・稱 일컬을 칭・夜 밤 야・光 빛 광

劍號巨闕 珠稱夜光
칼에는 거궐(巨闕)이 있고, 구슬에는 야광주(夜光珠)가
있다.

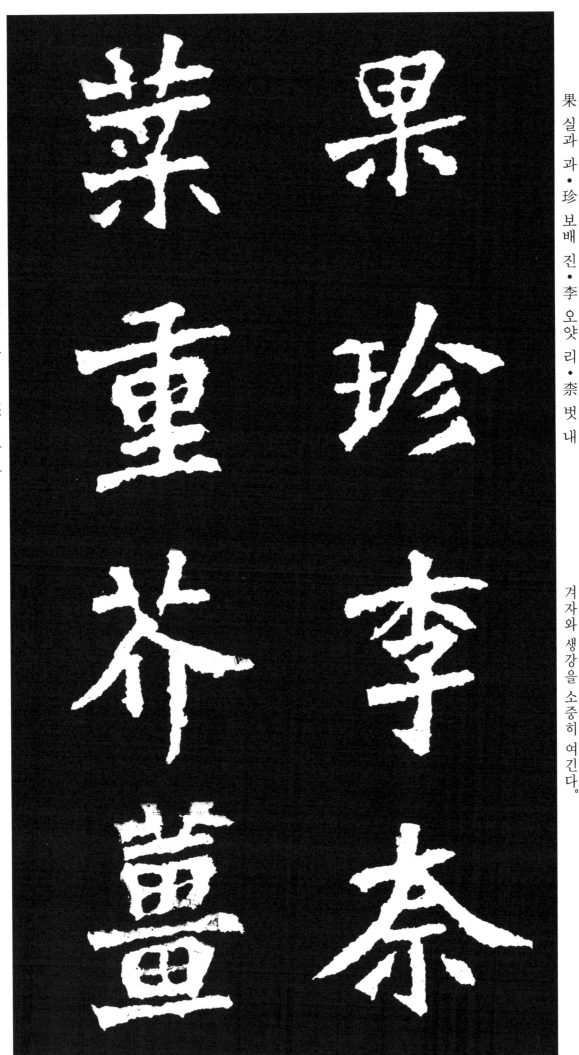

果 실과 과・珍 보배 진・李 오얏 리・柰 벗 내

菜 나물 채・重 무거울 중・芥 겨자 개・薑 생강 강

果珍李柰菜重芥薑

과일 중에서는 오얏과 벗이 보배스럽고、채소 중에서는
겨자와 생강을 소중히 여긴다。

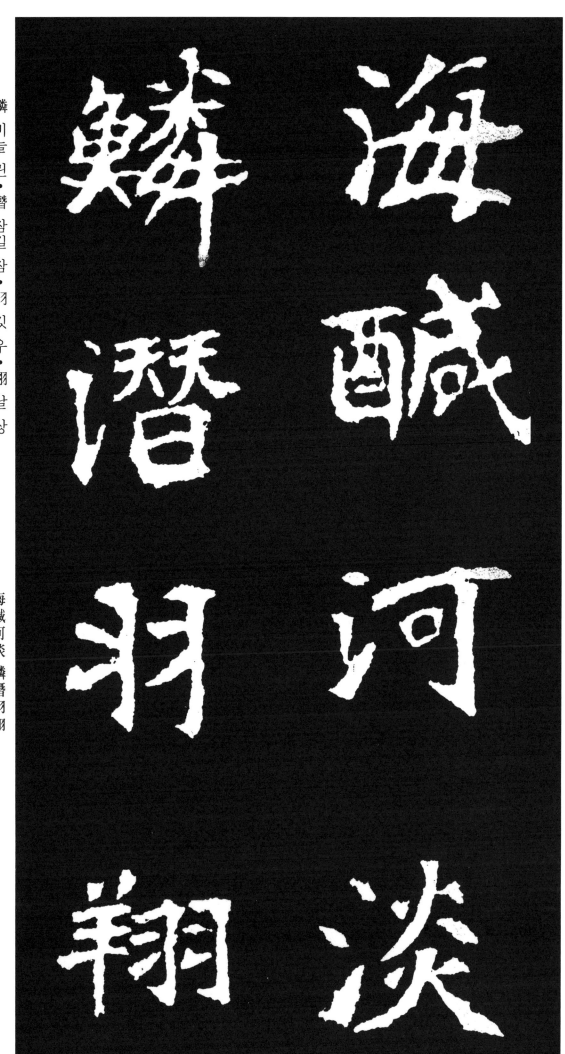

海 바다 해 • 鹹 짤 함 • 河 물 하 • 淡 맑을 담

鱗 비늘 린 • 潛 잠길 잠 • 羽 깃 우 • 翔 날 상

海鹹河淡 鱗潛羽翔
바닷물은 짜고 민물은 싱거우며, 비늘 있는 고기는 물에 잠기고 날개 있는 새는 날아다닌다.

13

龍 師 火 帝

鳥 官 人 皇

龍 용 룡·師 스승 사·火 불 화·帝 임금 제

鳥 새 조·官 벼슬 관·人 사람 인·皇 임금 황

龍師火帝 鳥官人皇
관직을 용으로 나타낸 복희씨(伏羲氏)와 불을 숭상한 신농씨(神農氏)가 있고, 관직을 새로 기록한 소호씨(少昊氏)와 인문(人文)을 개명한 인황씨(人皇氏)가 있다.

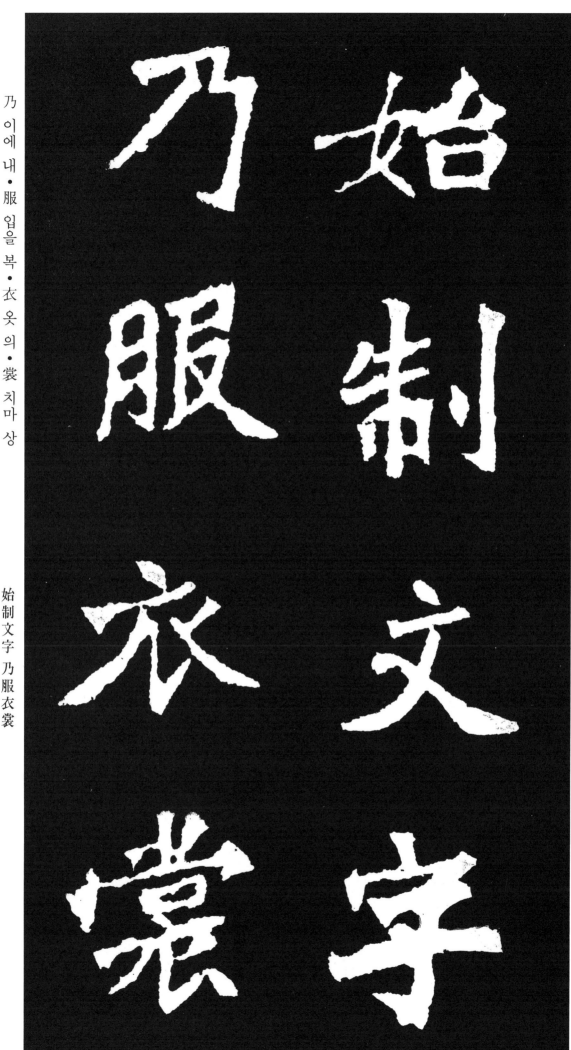

始制文字
비로소 문자를 만들고、

乃 이에 내 ‧ 服 입을 복 ‧ 衣 옷 의 ‧ 裳 치마 상

始制文字乃服衣裳
비로소 문자를 만들고、옷을 만들어 입게 했다。

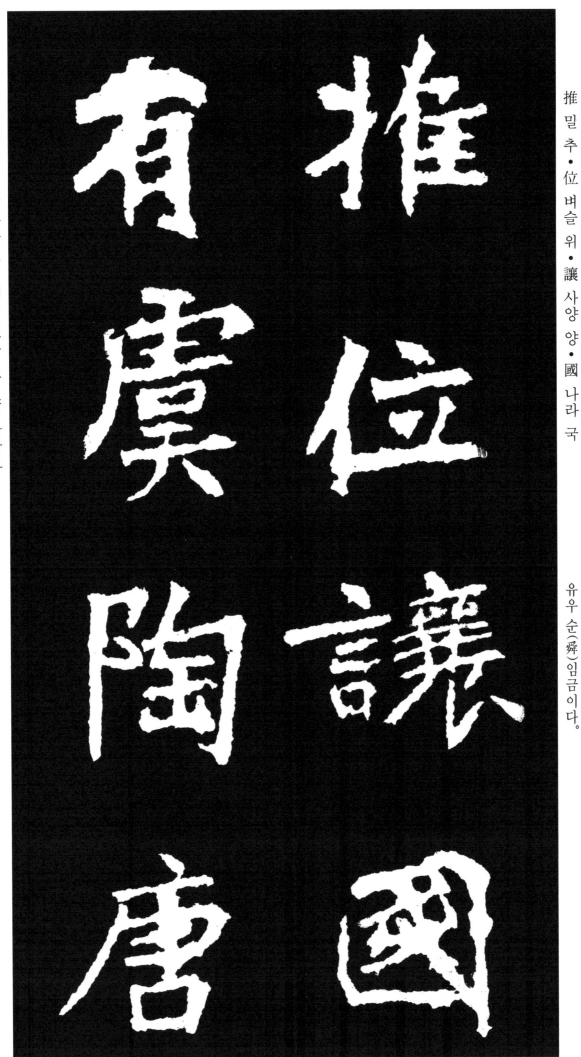

有 있을 유 · 虞 나라 우 · 陶 질그릇 도 · 唐 나라 당

推位讓國 有虞陶唐
자리를 물려주어 나라를 양보한 것은, 도당 요(堯)임금과
유우 순(舜)임금이다.

弔 조문할 조 • 民 백성 민 • 伐 칠 벌 • 罪 허물 죄

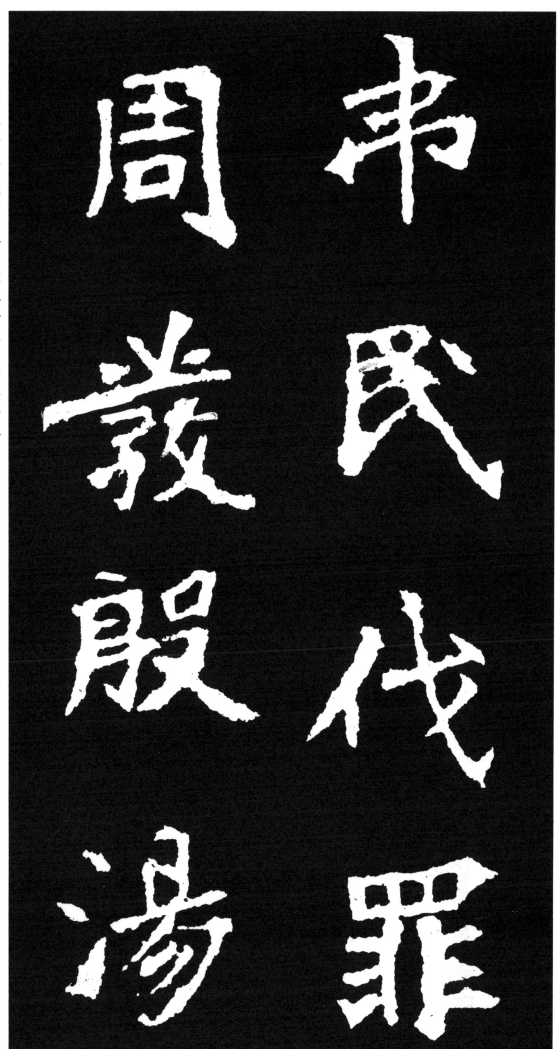

周 두루 주 • 發 필 발 • 殷 나라 은 • 湯 끓을 탕

弔民伐罪 周發殷湯
백성들을 위로하고 죄지은 이를 벌한 사람은, 주나라 무
왕(武王) 발(發)과 은나라 탕왕(湯王)이다.

坐 앉을 좌 · 朝 아침 조 · 問 물을 문 · 道 길 도

坐朝問道 垂拱平章
조정에 앉아 다스리는 도리를 물으니, 옷 드리우고 팔짱
끼고 있지만 공평하고 밝게 다스려진다.

垂 드리울 수 · 拱 꽂을 공 · 平 평할 평 · 章 글월 장

垂

拱

坐

朝

平

問

章

道

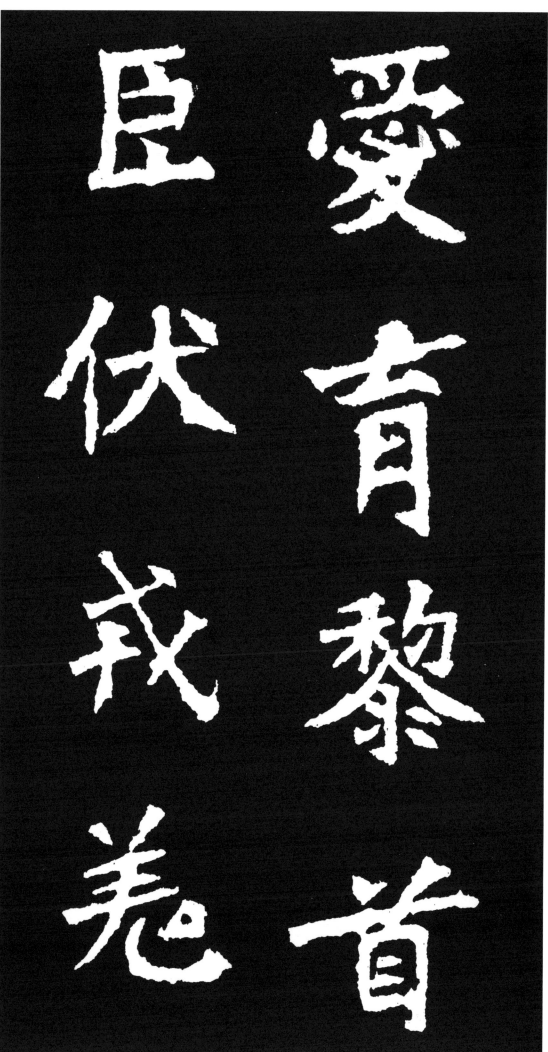

愛 사랑 애 · 育 기를 육 · 黎 검을 려 · 首 머리 수

臣 신하 신 · 伏 엎드릴 복 · 戎 되 융 · 羌 되 강

愛育黎首 臣伏戎羌
백성을 사랑하고 기르니, 오랑캐들까지도 신하로서 복종
한다.

19

遐 멀 하 · 邇 가까울 이 · 壹 한 일 · 體 몸 체

遐邇壹體 率賓歸王
먼 곳과 가까운 곳이 똑같이 한 몸이 되어, 서로 이끌고
복종하여 임금에게로 돌아온다.

遐

邇

壹

體

率 거느릴 솔 · 賓 손 빈 · 歸 돌아갈 귀 · 王 임금 왕

率

賓

歸

王

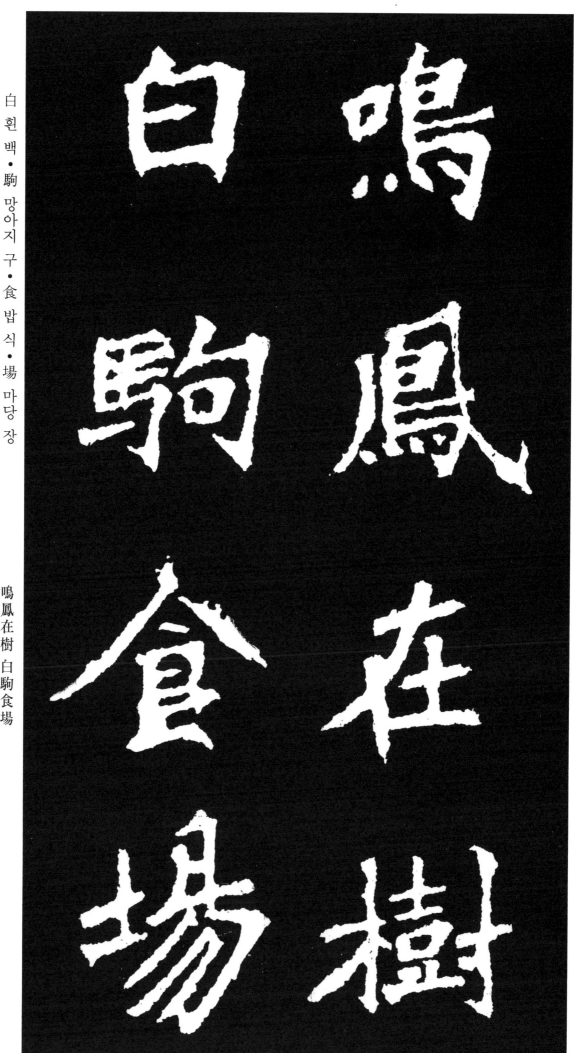

鳴 울 명・鳳 새 봉・在 있을 재・樹 나무 수

白 흰 백・駒 망아지 구・食 밥 식・場 마당 장

鳴鳳在樹 白駒食場
봉황새는 울며 나무에 깃들어 있고, 흰 망아지는 마당에서 풀을 뜯는다.

化 될 화 • 被 입을 피 • 草 풀 초 • 木 나무 목

化被草木 賴及萬方
밝은 임금의 덕화가 풀이나 나무까지 미치고, 그 힘입음이 온 누리에 미친다.

化

被

草

木

賴 힘입을 뢰 • 及 미칠 급 • 萬 일만 만 • 方 모 방

賴

及

万

方

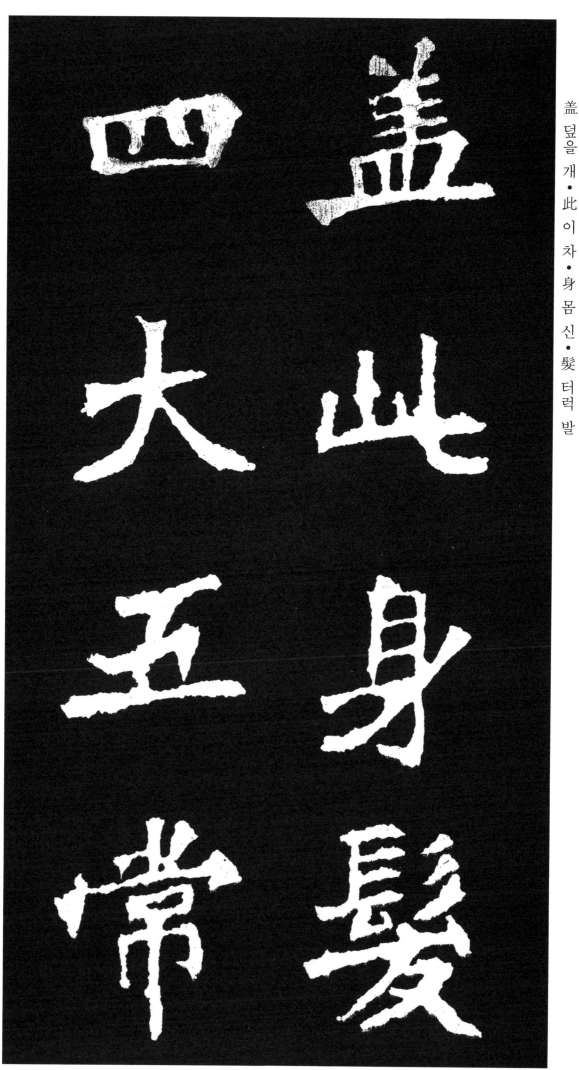

盖 덮을 개 • 此 이 차 • 身 몸 신 • 髮 터럭 발

四 넉 사 • 大 큰 대 • 五 다섯 오 • 常 떳떳할 상

盖此身髮 四大五常
대개 사람의 몸과 터럭은 사대와 오상으로 이루어졌다。

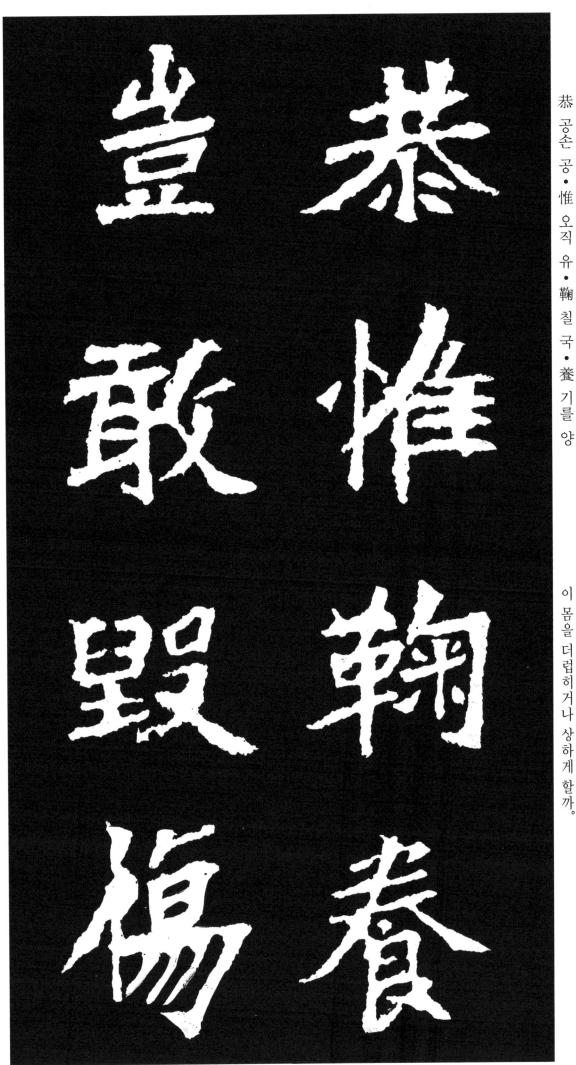

恭 공손 공 · 惟 오직 유 · 鞠 칠 국 · 養 기를 양

豈 어찌 기 · 敢 구태여 감 · 毁 헐 훼 · 傷 상할 상

恭惟鞠養 豈敢毀傷
부모가 길러주신 은혜를 공손히 생각한다면, 어찌 함부로 이 몸을 더럽히거나 상하게 할까.

女 계집 녀 · 慕 사모할 모 · 貞 곧을 정 · 烈 매울 렬

男 사내 남 · 效 본받을 효 · 才 재주 재 · 良 어질 량

女慕貞烈 男效才良

여자는 정렬(貞烈)한 것을 사모하고, 남자는 재주 있고 어진 것을 본받아야 한다.

男 女 慕 貞 效 才 烈 良

知 過 必 改

得 能 莫 忘

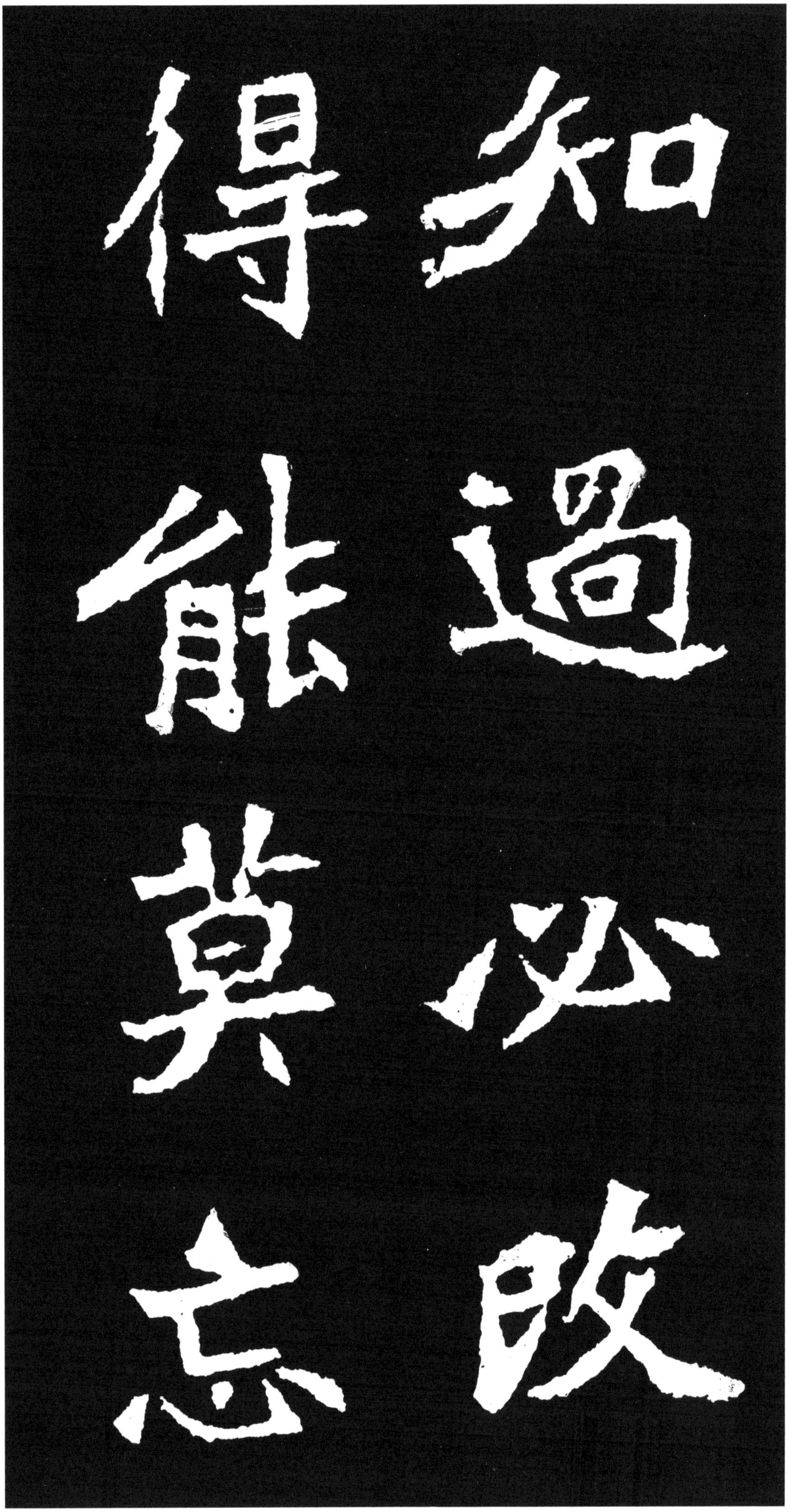

知過必改 得能莫忘
자기의 허물을 알면 반드시 고치고, 능히 실행할 것을 얻었거든 잊지 말아야 한다.

得 얻을 득・能 능할 능・莫 말 막・忘 잊을 망

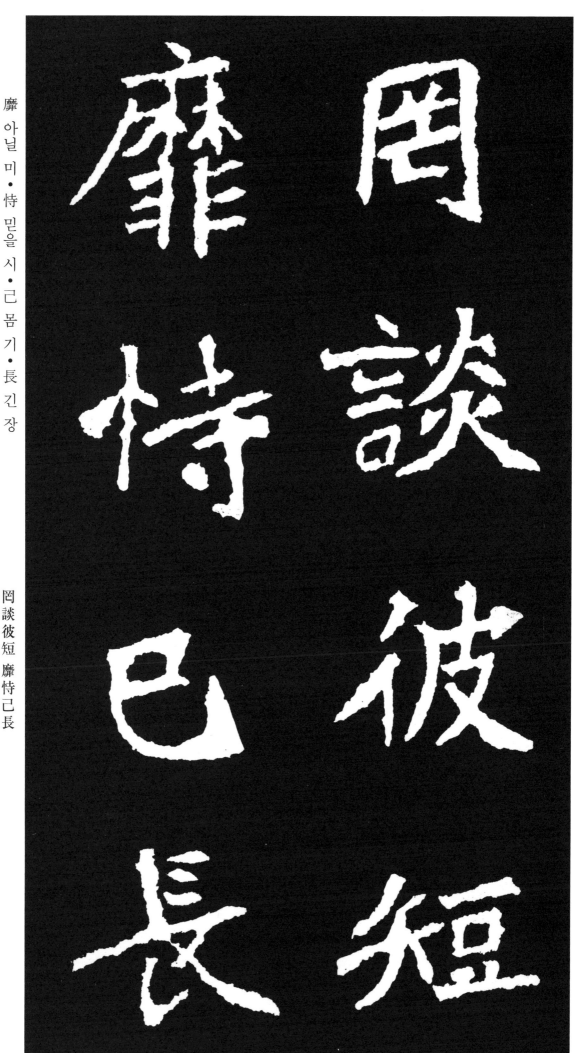

罔 말 망 · 談 말씀 담 · 彼 저 피 · 短 짧을 단

靡 아닐 미 · 恃 믿을 시 · 己 몸 기 · 長 긴 장

罔談彼短 靡恃己長
남의 단점을 말하지 말며、나의 장점을 믿지 말라.

27

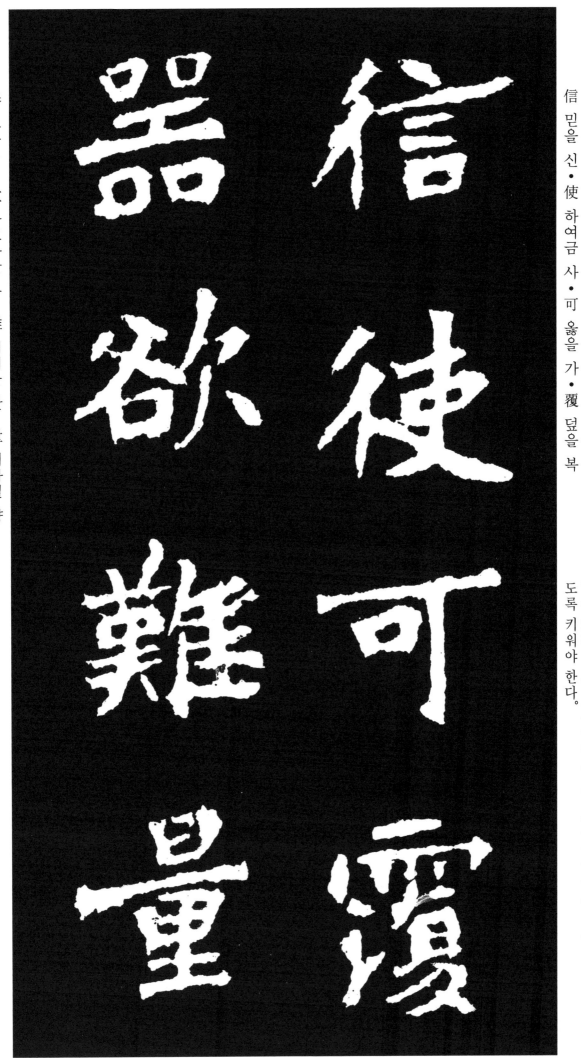

信 믿을 신 • 使 하여금 사 • 可 옳을 가 • 覆 덮을 복

器 그릇 기 • 欲 하고자할 욕 • 難 어려울 난 • 量 헤아릴 량

信使可覆 器欲難量
믿음 가는 일은 거듭해야 하고, 그릇됨은 헤아리기 어렵
도록 키워야 한다.

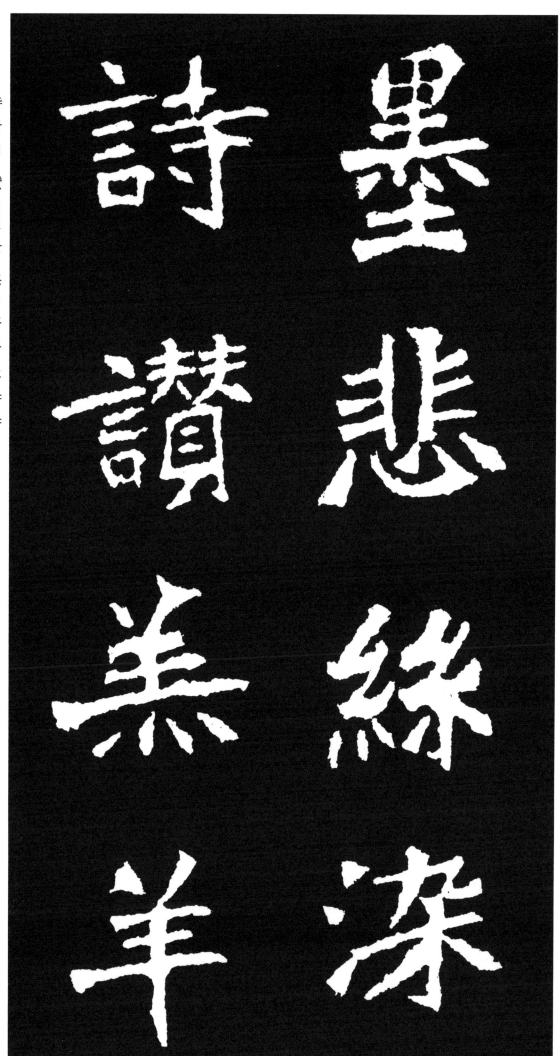

墨 먹 묵 · 悲 슬플 비 · 絲 실 사 · 染 물들일 염

詩 글 시 · 讚 기릴 찬 · 羔 염소 고 · 羊 양 양

墨悲絲染 詩讚羔羊
묵자(墨子)는 실이 물들여지는 것을 슬퍼했고, 시경(詩經)에서는 고양편(羔羊編)을 찬미했다.

29

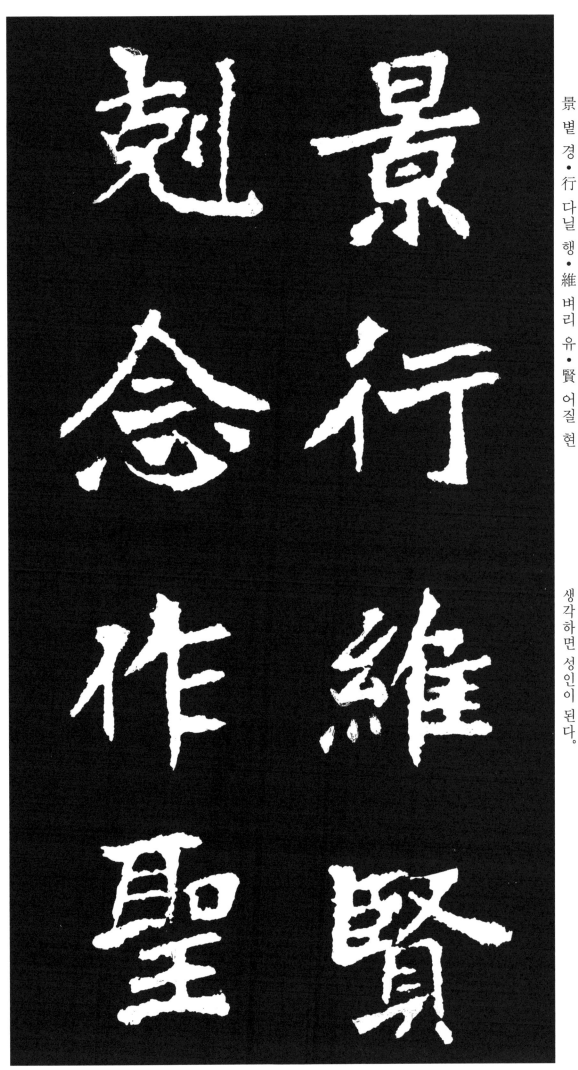

景 별 경 · 行 다닐 행 · 維 벼리 유 · 賢 어질 현

景行維賢 克念作聖
행동을 빛나게 하는 사람이 어진 사람이요, 힘써 마음에
생각하면 성인이 된다.

克 이길 극 · 念 생각할 념 · 作 지을 작 · 聖 성인 성

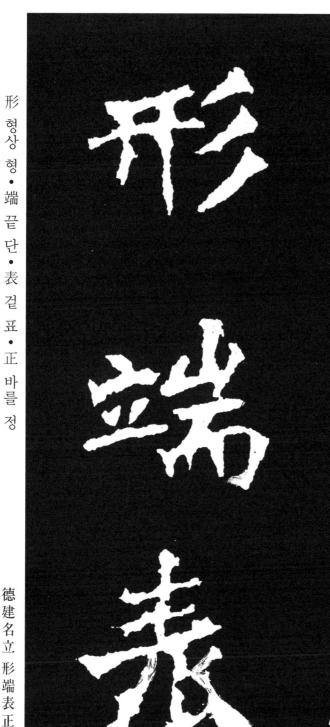

德 큰 덕 · 建 세울 건 · 名 이름 명 · 立 설 립

形 형상 형 · 端 끝 단 · 表 겉 표 · 正 바를 정

德建名立 形端表正
덕이 서면 명예가 서고, 형모(形貌)가 단정하면 의표(儀
表)도 바르게 된다.

31

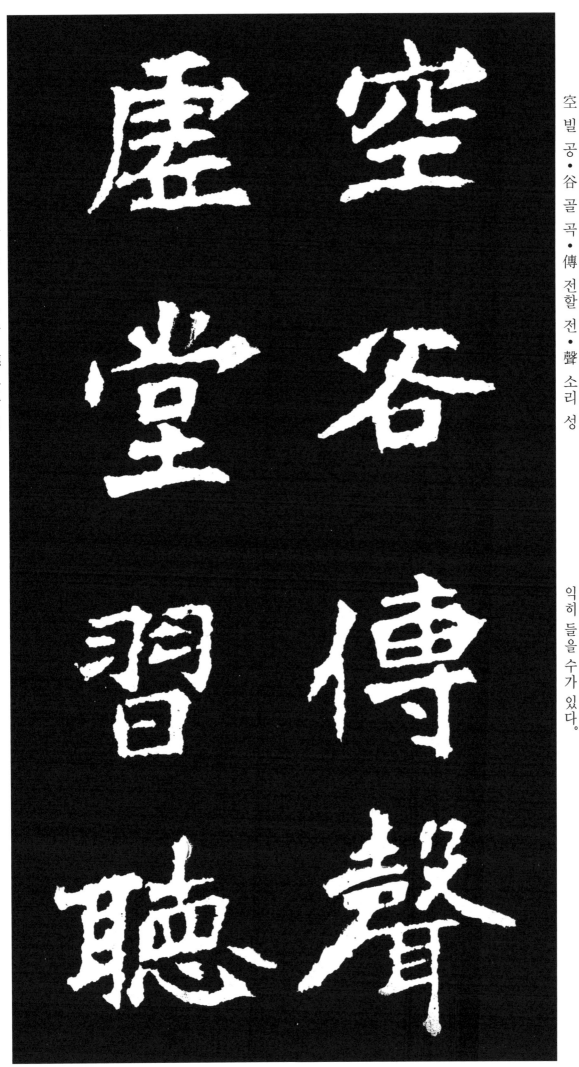

空 빌 공 ● 谷 골 곡 ● 傳 전할 전 ● 聲 소리 성

虛 빌 허 ● 堂 집 당 ● 習 익힐 습 ● 聽 들을 청

空谷傳聲 虛堂習聽
성현의 말은 마치 빈 골짜기에 소리가 전해지듯이 멀리
퍼져 나가고, 사람의 말은 아무리 빈집에서라도 신(神)은
익히 들을 수가 있다.

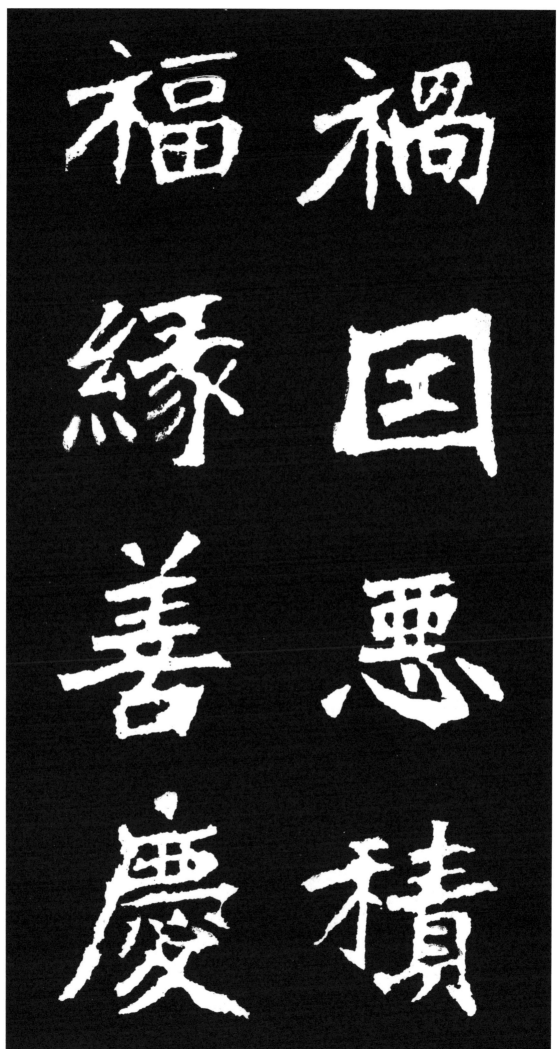

禍재화 화・因 인할 인・惡 사나울 악・積 쌓을 적

禍因惡積 福緣善慶
악한 일을 하는 데서 재앙은 쌓이고, 착하고 경사스러운
일로 인해서 복은 생긴다.

福 복 복・緣 인연 연・善 착할 선・慶 경사 경

33

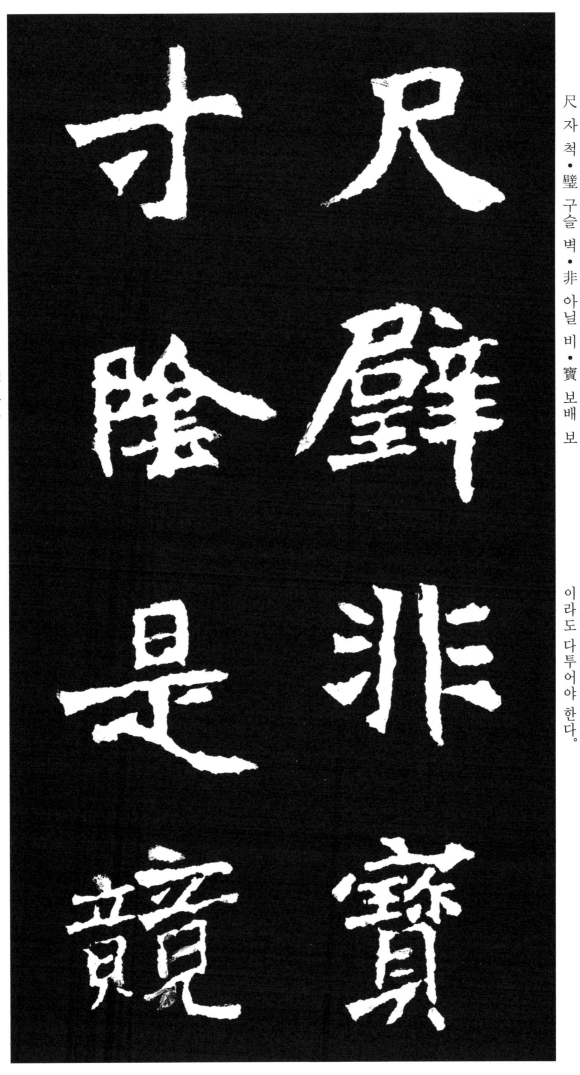

尺 자 척 • 璧 구슬 벽 • 非 아닐 비 • 寶 보배 보

尺璧非寶 寸陰是競
한 자나 되는 큰 구슬이 보배가 아니다. 한 치의 짧은 시간
이라도 다투어야 한다.

寸 마디 촌 • 陰 그늘 음 • 是 이 시 • 競 다툴 경

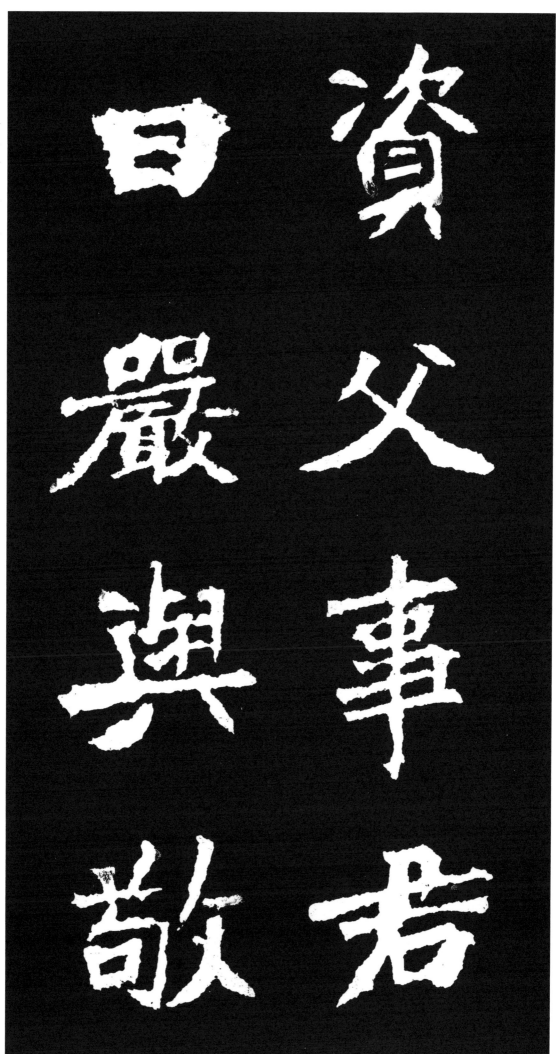

曰 가로 왈 • 嚴 엄할 엄 • 與 더불 여 • 敬 공경 경

資父事君 曰嚴與敬
아비 섬기는 마음으로 임금을 섬겨야 하니, 그것은 존경
하고 공손히 하는 것뿐이다。

孝 효도 효 • 當 마땅 당 • 竭 다할 갈 • 力 힘 력

忠 충성 충 • 則 곧 즉 • 盡 다할 진 • 命 목숨 명

孝當竭力 忠則盡命
효도는 마땅히 있는 힘을 다해야 하고, 충성은 곧 목숨을 다해야 한다.

孝

當

竭

力

忠

則

盡

命

臨 임할 림 · 深 깊을 심 · 履 밟을 리 · 薄 엷을 박

夙 일찍 숙 · 興 일어날 흥 · 溫 더울 온 · 淸 서늘할 청

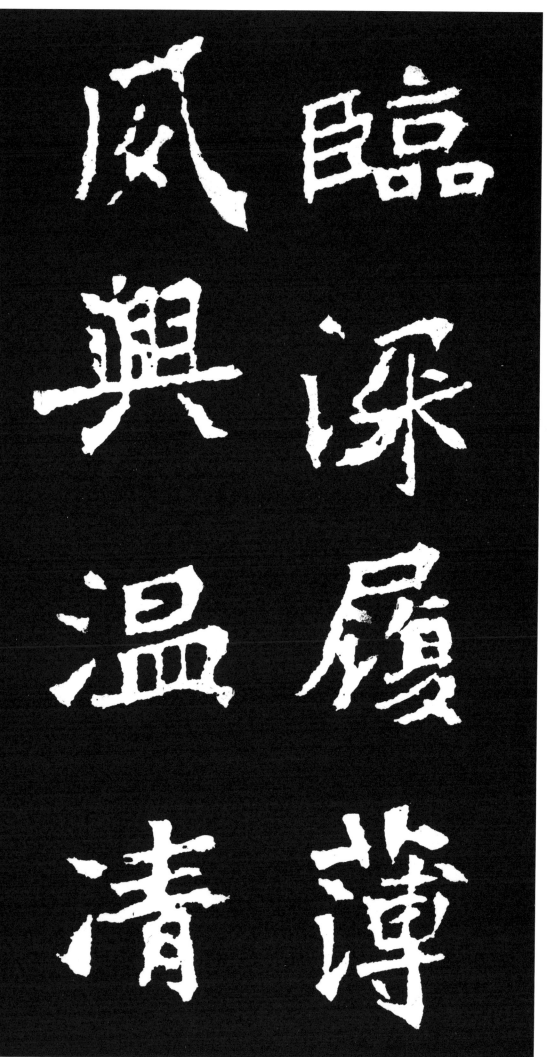

臨深履薄夙興溫淸
깊은 물가에 다다른 듯 살얼음 위를 건듯이 하고, 일찍 일어나 부모의 따뜻한가 서늘한가를 보살핀다。

37

似　같을 사・蘭 난초 란・斯 이 사・馨 꽃다울 형

如　같을 여・松 소나무 송・之 갈 지・盛 성할 성

似　蘭　斯　馨

如　松　之　盛

似蘭斯馨 如松之盛
난초같이 향기롭고, 소나무처럼 무성하다.

淵 못 연 • 澄 맑을 징 • 取 취할 취 • 映 비칠 영

川流不息 淵澄取映

냇물은 흘러 쉬지 않고、연못물은 맑아서 온갖 것을 비친다。

容 얼굴 용 • 止 그칠 지 • 若 같을 약 • 思 생각 사

言 말씀 언 • 辭 말씀 사 • 安 편안 안 • 定 정할 정

容 얼굴 용

言
辭
安
定

若
止
若
思

容止若思 言辭安定
얼굴과 거동은 생각하듯 하고、말은 안정되게 해야 한다。

40

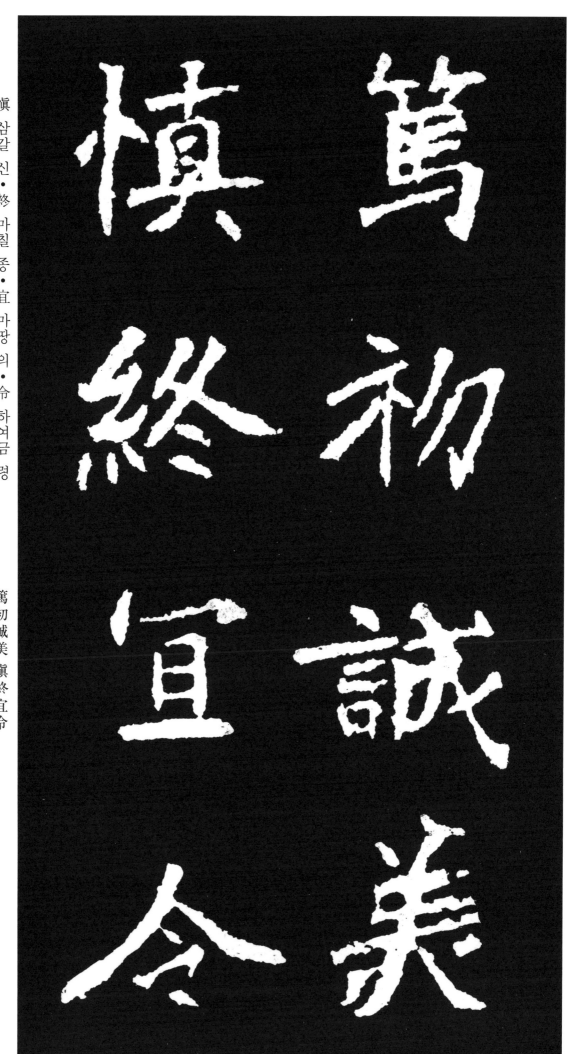

篤 도타울 독・初 처음 초・誠 정성 성・美 아름다울 미

愼 삼갈 신・終 마칠 종・宜 마땅 의・令 하여금 령

篤初誠美 愼終宜令
처음을 독실하게 하는 것이 참으로 아름답고, 끝맺음을 조심하는 것이 마땅하다.

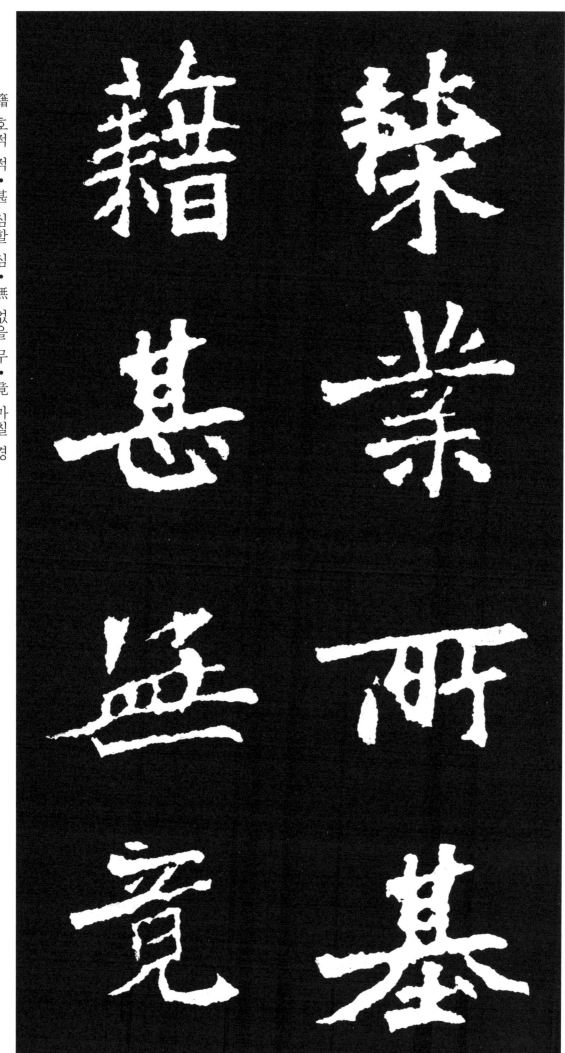

榮 영화 영 · 業 업 업 · 所 바 소 · 基 터 기

榮業所基 籍甚無竟
영달과 사업에는 반드시 기인하는 바가 있게 마련이며,
그래야 명성이 끝이 없을 것이다.

籍 호적 적 · 甚 심할 심 · 無 없을 무 · 竟 마칠 경

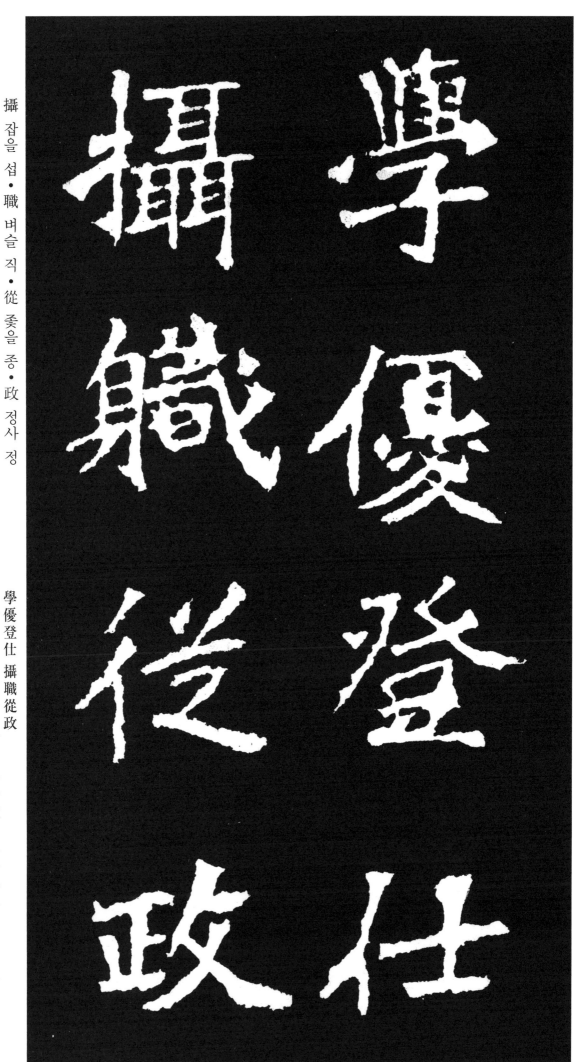

學 배울 학・優 넉넉할 우・登 오를 등・仕 벼슬 사

攝 잡을 섭・職 벼슬 직・從 좇을 종・政 정사 정

學優登仕 攝職從政
배움이 넉넉하면 벼슬에 오르고, 직무를 맡아 정치에 종사할 수 있다.

存以甘棠 去而益詠
소공(召公)이 감당나무 아래 머물고, 떠난 뒤엔 감당시로
더욱 칭송하여 읊는다.

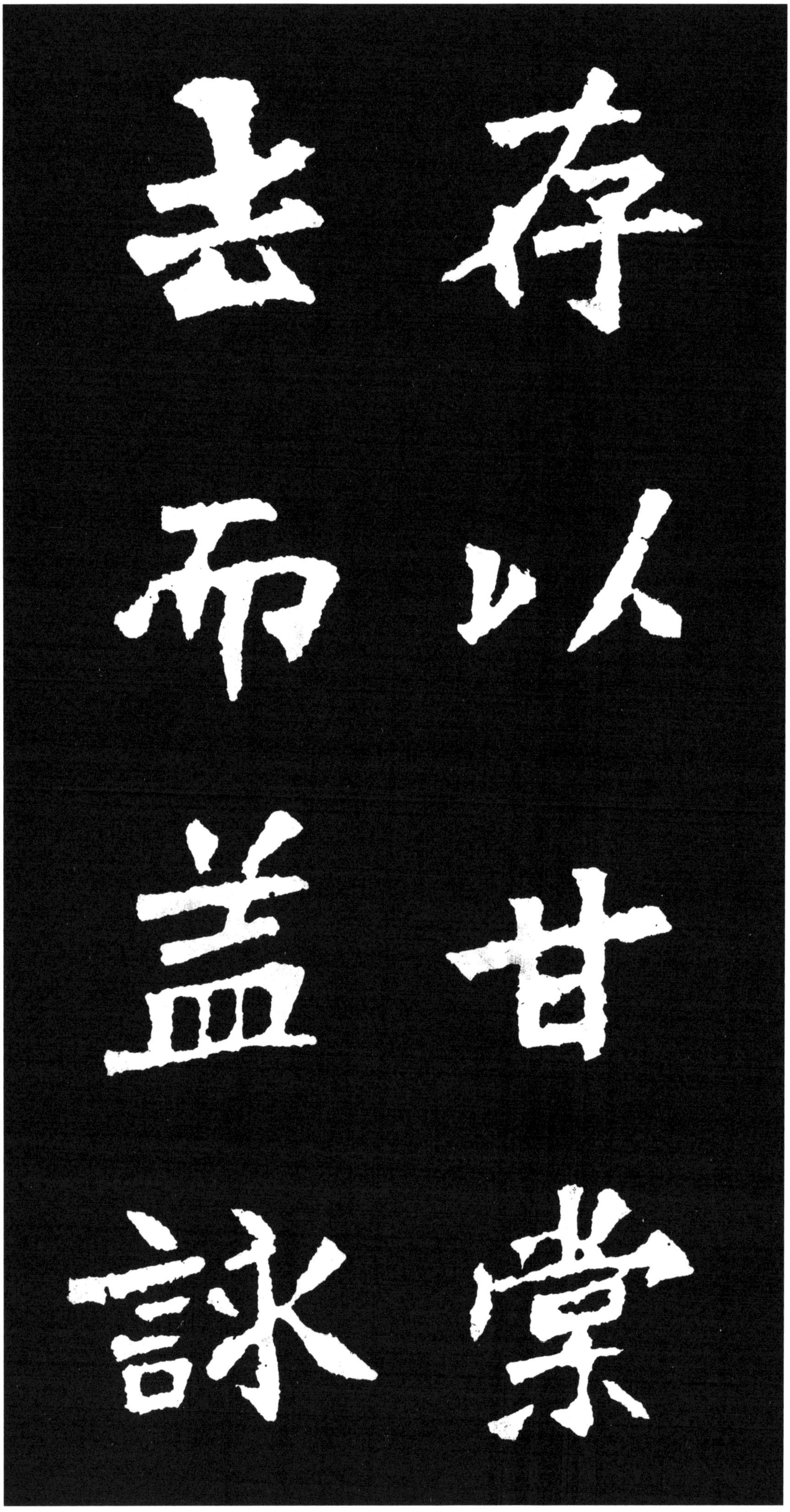

存 以 甘 棠

去 而 益 詠

44

樂 즐거울 락・殊 다를 수・貴 귀할 귀・賤 천할 천

樂 즐거울 락・殊 다를 수・貴 귀할 귀・賤 천할 천

禮 예도 례・別 분별 별・尊 높을 존・卑 낮을 비

樂殊貴賤 禮別尊卑
풍류는 귀천에 따라 다르고, 예의도 높낮음에 따라 다르다.

樂

禮

殊

別

貴

尊

賤

卑

上和下睦 夫唱婦隨
윗사람이 온화하면 아랫사람도 화목하고, 지아비는 이끌고
지어미는 따른다.

夫 지아비 부 • 唱 부를 창 • 婦 지어미 부 • 隨 따를 수

上 和 下 睦
夫 唱 婦 隨

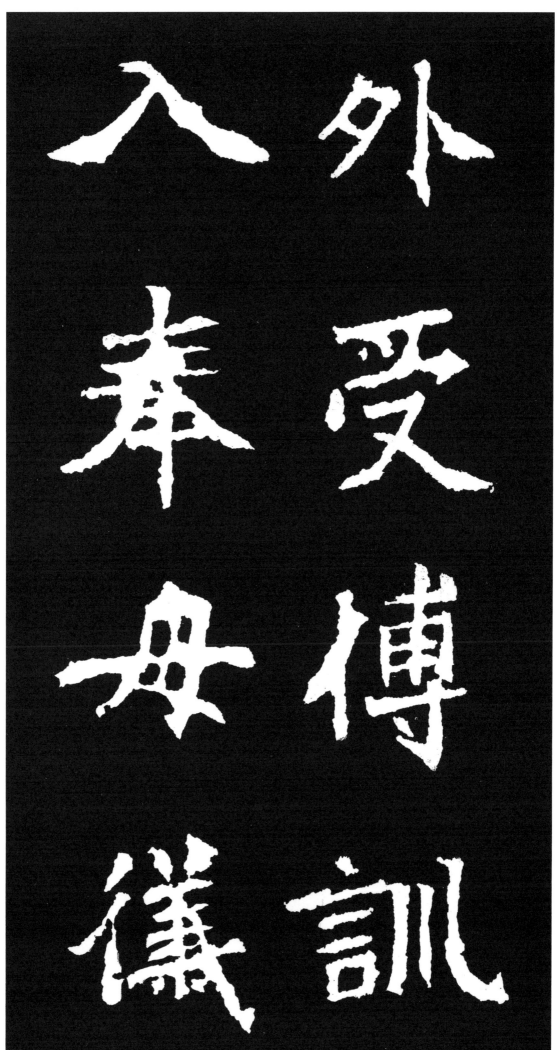

外 바깥 외・受 받을 수・傅 스승 부・訓 가르칠 훈

入 들 입・奉 받들 봉・母 어머니 모・儀 거동 의

外受傅訓 入奉母儀
밖에 나가서는 스승의 가르침을 받고, 안에 들어와서는
어머니의 거동을 받든다.

47

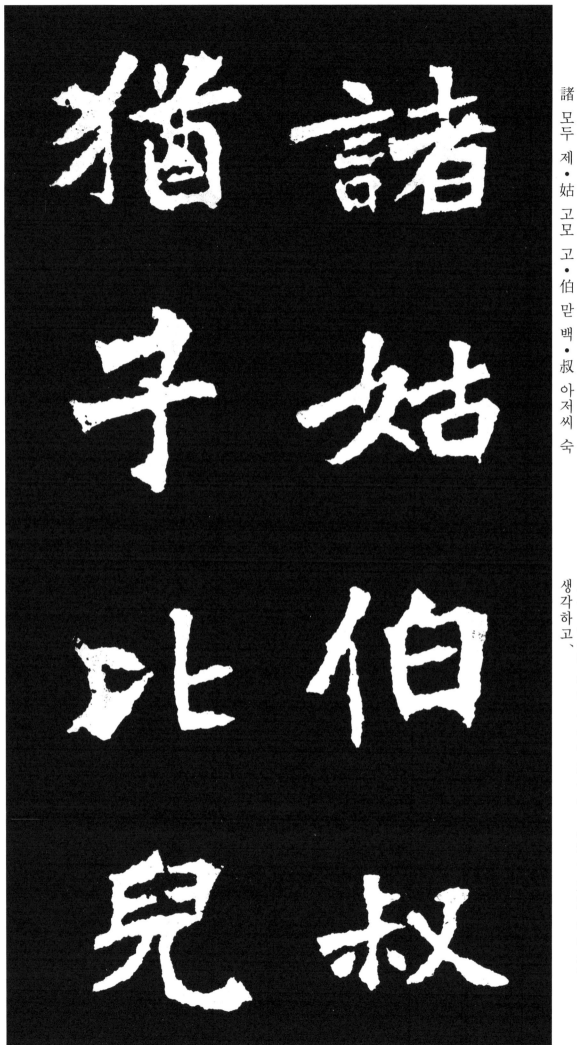

諸
모두 제・姑 고모 고・伯 맏백・叔 아저씨 숙

猶 같을 유・子 아들 자・比 견줄 비・兒 아이 아

諸姑伯叔猶子比兒
모든 고모와 아버지의 형제들은, 조카를 자기 아이처럼 생각하고、

48

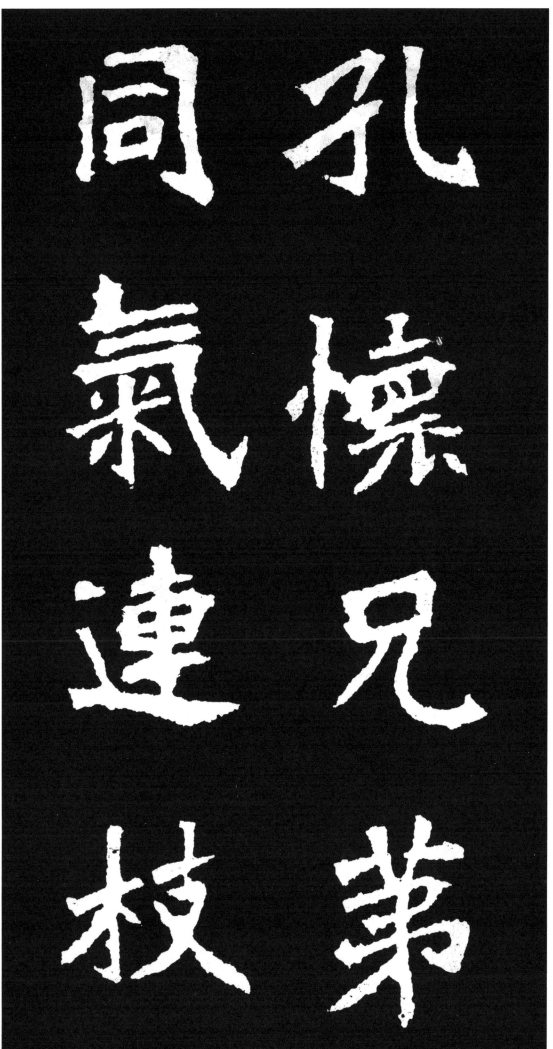

孔 구멍 공·懷 품을 회·兄 맏 형·弟 아우 제

同 한가지 동·氣 기운 기·連 연할 련·枝 가지 지

孔懷兄弟 同氣連枝
가장 가깝게 사랑하여 잊지 못하는 것은 형제간이니, 동
기간은 한 나무에서 이어진 가지와 같기 때문이다.

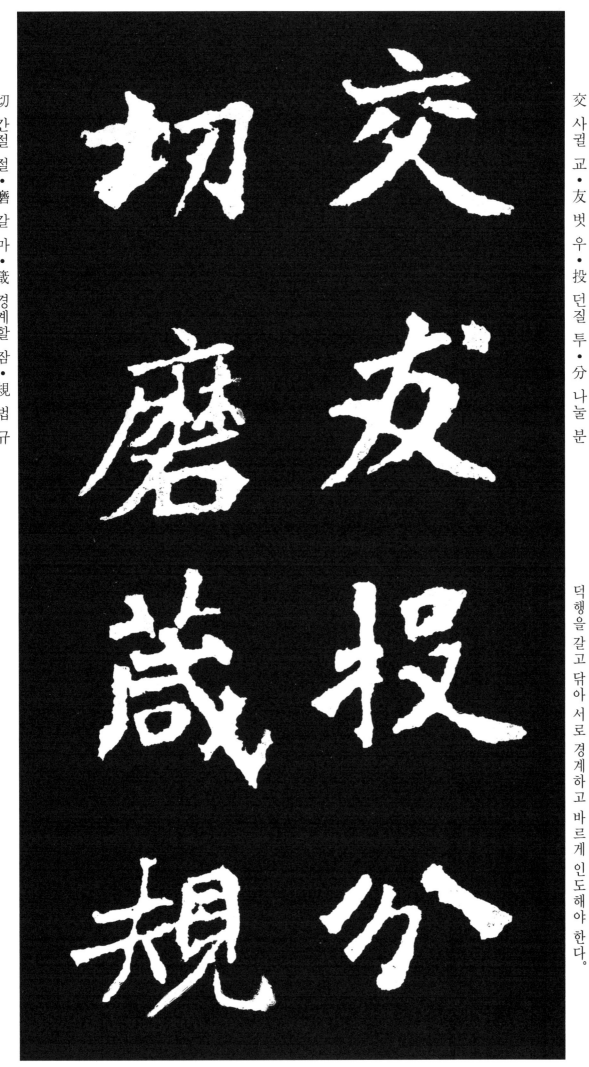

交 사귈 교・友 벗 우・投 던질 투・分 나눌 분

切 간절 절・磨 갈 마・箴 경계할 잠・規 법 규

交友投分 切磨箴規
벗을 사귐에는 분수를 지켜 의기를 투합해야 하며, 학문과 덕행을 갈고 닦아 서로 경계하고 바르게 인도해야 한다.

50

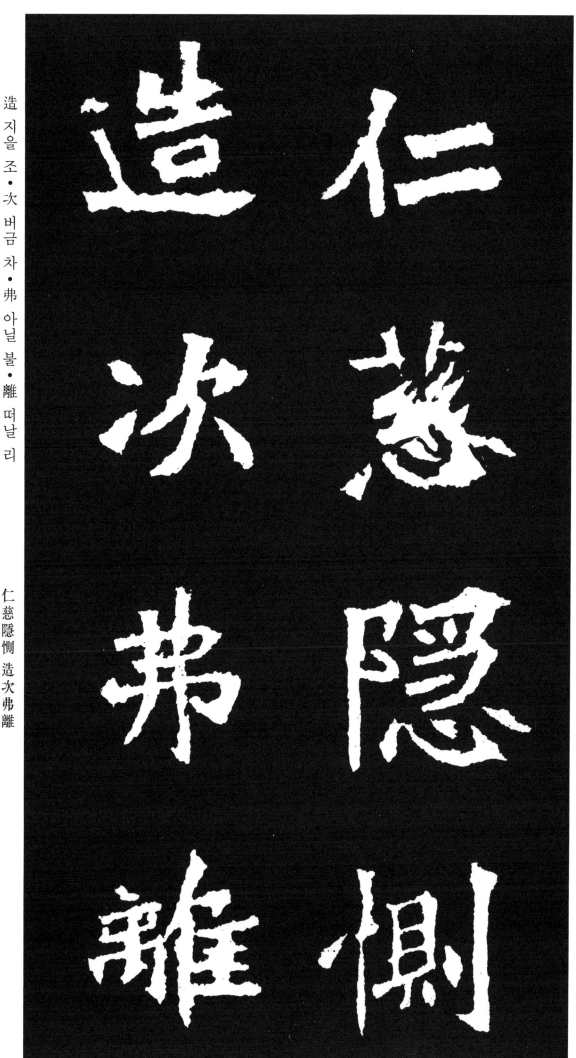

仁 어질 인・慈 사랑 자・隱 숨을 은・惻 슬플 측

造 지을 조・次 버금 차・弗 아닐 불・離 떠날 리

仁慈隱惻造次弗離
어질고 사랑하며 측은히 여기는 마음이 잠시라도 마음속
에서 떠나서는 안 된다.

節 마디 절 · 義 옳을 의 · 廉 청렴할 렴 · 退 물러갈 퇴

節義廉退 顚沛匪虧
절의와 청렴과 물러감은 어려운 가운데에서도 이지러져 서는 안 된다.

顚 엎어질 전 · 沛 자빠질 패 · 匪 아닐 비 · 虧 이지러질 휴

節

義

廉

退

顚

沛

匪

虧

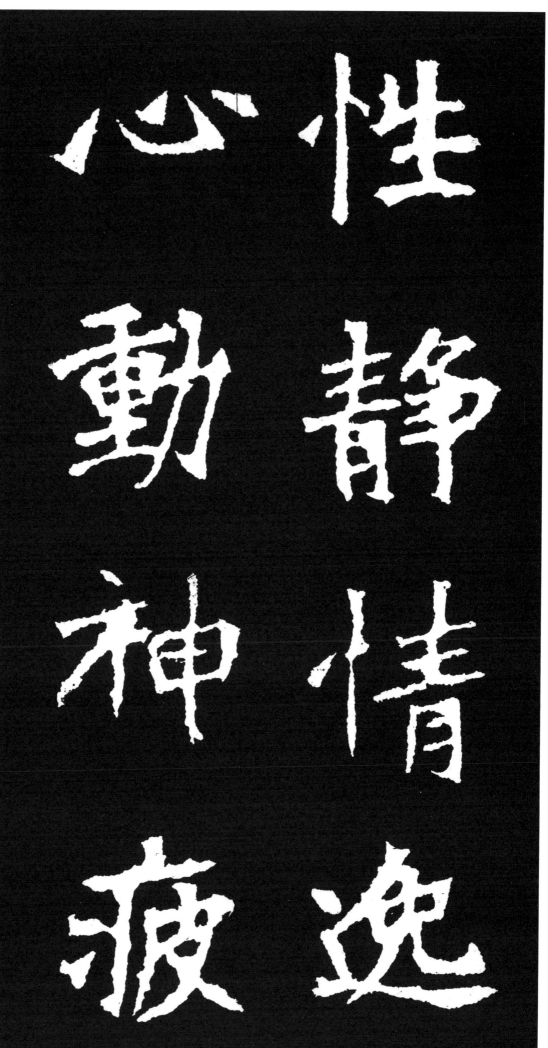

性 성품 성・靜 고요 정・情 뜻 정・逸 편안할 일

性 성품 성・靜 고요 정・情 뜻 정・逸 편안할 일

心 마음 심・動 움직일 동・神 귀신 신・疲 피로할 피

性靜情逸 心動神疲
성품이 고요하면 마음이 편안하고, 마음이 흔들리면 정
신이 피로해진다。

53

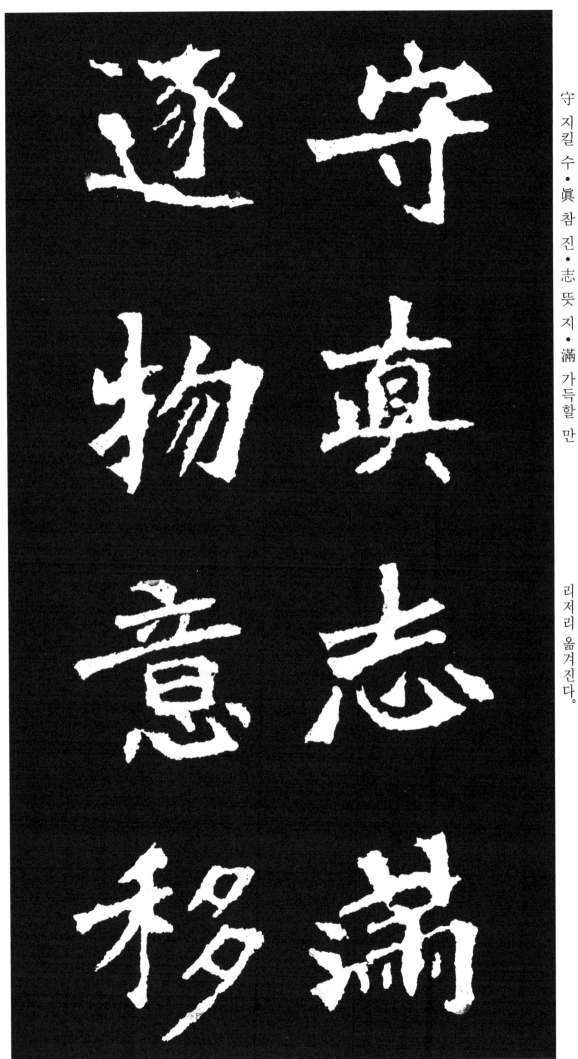

守 지킬 수 • 眞 참 진 • 志 뜻 지 • 滿 가득할 만

逐 쫓을 축 • 物 만물 물 • 意 뜻 의 • 移 옮길 이

守眞志滿 逐物意移
참됨을 지키면 뜻이 가득해지고 물욕을 좇으면 생각도 이
리저리 옮겨진다.

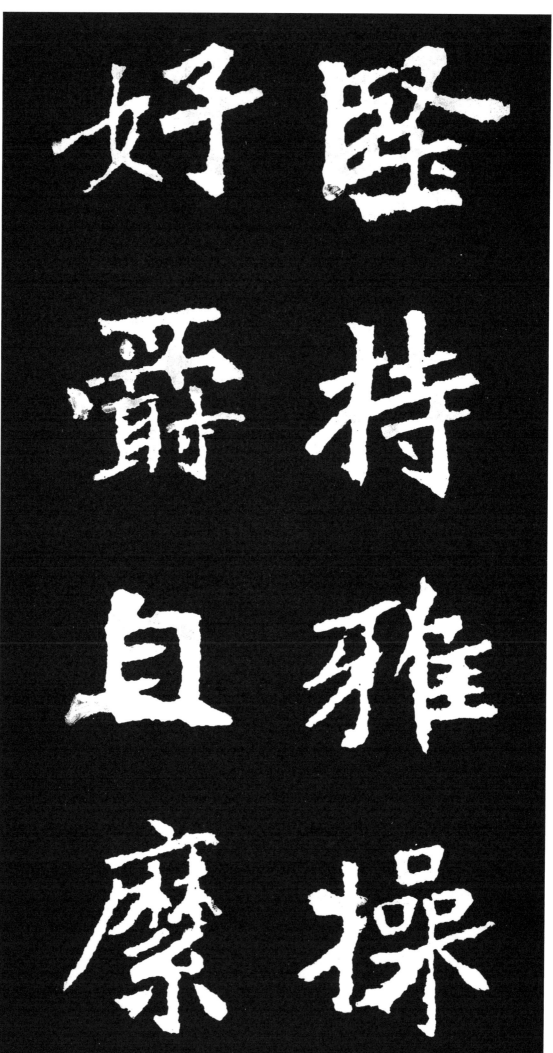

堅 굳을 견 · 持 가질 지 · 雅 바를 아 · 操 잡을 조

好 좋을 호 · 爵 벼슬 작 · 自 스스로 자 · 縻 얽을 미

堅持雅操 好爵自縻
올바른 지조를 굳게 가지면, 높은 지위는 스스로 그에게 얽히어 이른다.

都 도읍 도 · 邑 고을 읍 · 華 빛날 화 · 夏 여름 하

都邑華夏 東西二京
화하(華夏)의 도읍에는 동경(東京)과 서경(西京)이 있다.

都

邑

華

夏

東 동녘 동 · 西 서녘 서 · 二 두 이 · 京 서울 경

東

西

二

京

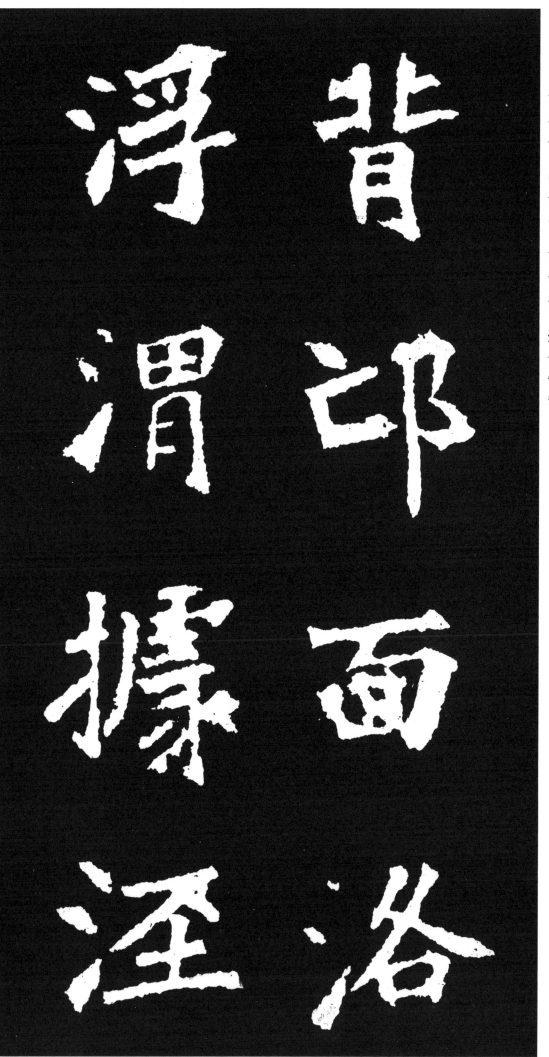

背 등 배 · 邙 터 망 · 面 낯 면 · 洛 낙수 락

浮 뜰 부 · 渭 위수 위 · 據 웅거할 거 · 涇 경수 경

背邙面洛 浮渭據涇
낙양은 북망산을 등 뒤로 하여 낙수를 앞에 두고, 장안은
위수에 떠 있는 듯 경수를 의지하고 있다.

57

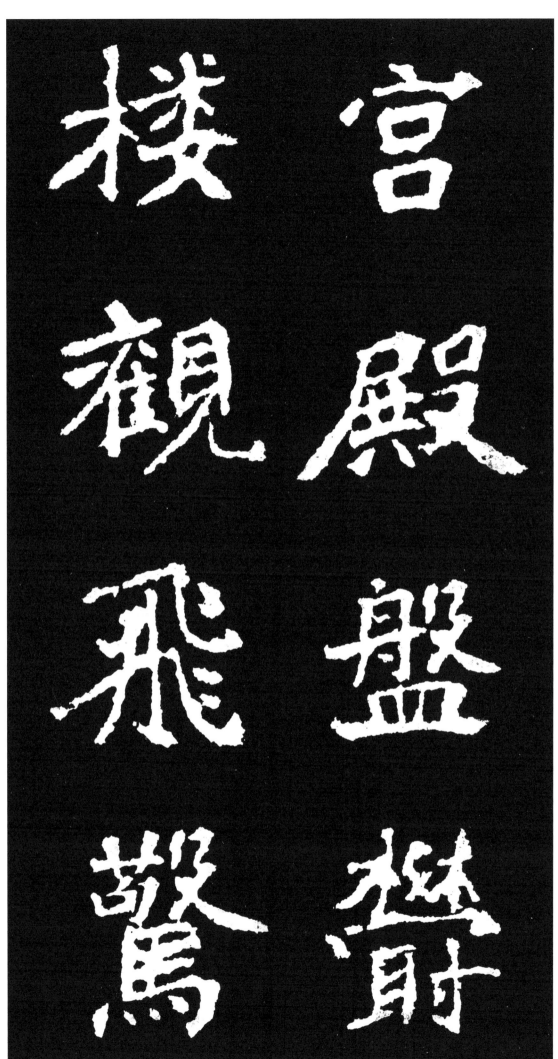

宮 집 궁・殿 집 전・盤 소반 반・鬱 답답 울

宮殿盤鬱 樓觀飛驚
궁(宮)과 전(殿)은 빽빽하게 들어찼고, 누(樓)와 관(觀)은
새가 하늘을 나는 듯 솟아 놀랍다.

樓 다락 루・觀 볼 관・飛 날 비・驚 놀랄 경

58

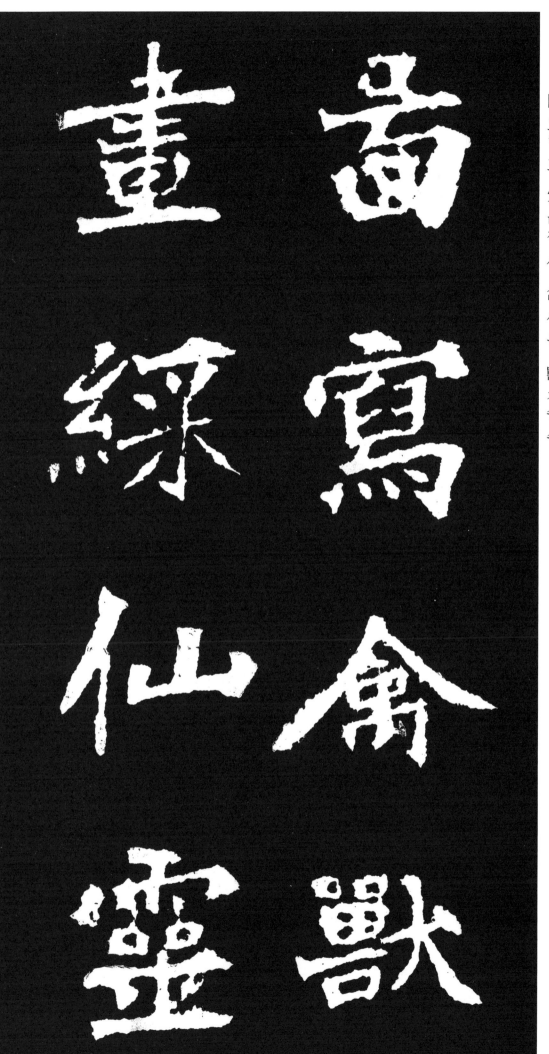

圖 그림 도・寫 베낄 사・禽 새 금・獸 짐승 수

畫 그림 화・彩 채색 채・仙 신선 선・靈 신령 령

圖寫禽獸 畫彩仙靈
새와 짐승을 그린 그림이 있고、신선들의 모습도 채색
하여 그렸다。

59

丙 甲

舍 帳

傍 對

啓 楹

丙舍傍啓 甲帳對楹
신하들이 쉬는 병사의 문은 정전(正殿) 곁에 열려 있고,
화려한 휘장이 큰 기둥에 둘려 있다.

甲 갑옷 갑 • 帳 장막 장 • 對 대할 대 • 楹 기둥 영

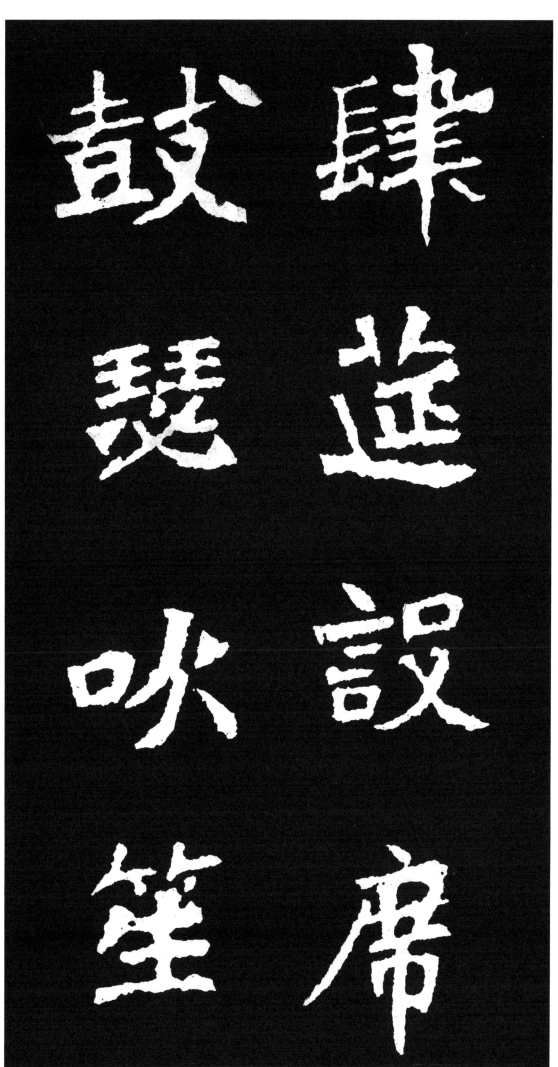

肆 베풀 사 · 筵 자리 연 · 設 베풀 설 · 席 자리 석

鼓 북 고 · 瑟 비파 슬 · 吹 불 취 · 笙 생황 생

肆筵設席鼓瑟吹笙

자리를 만들고 돗자리를 깔고서、 비파를 뜯고 생황저를 분다。

陞　階

納　陛

弁　轉

疑　星

陞階納陛 弁轉疑星
섬돌을 밟으며 궁전에 들어가니, 관(冠)에 단 구슬들이
돌고 돌아 별이 아닌가 의심스럽다.

弁 고깔 변 · 轉 구를 전 · 疑 의심할 의 · 星 별 성

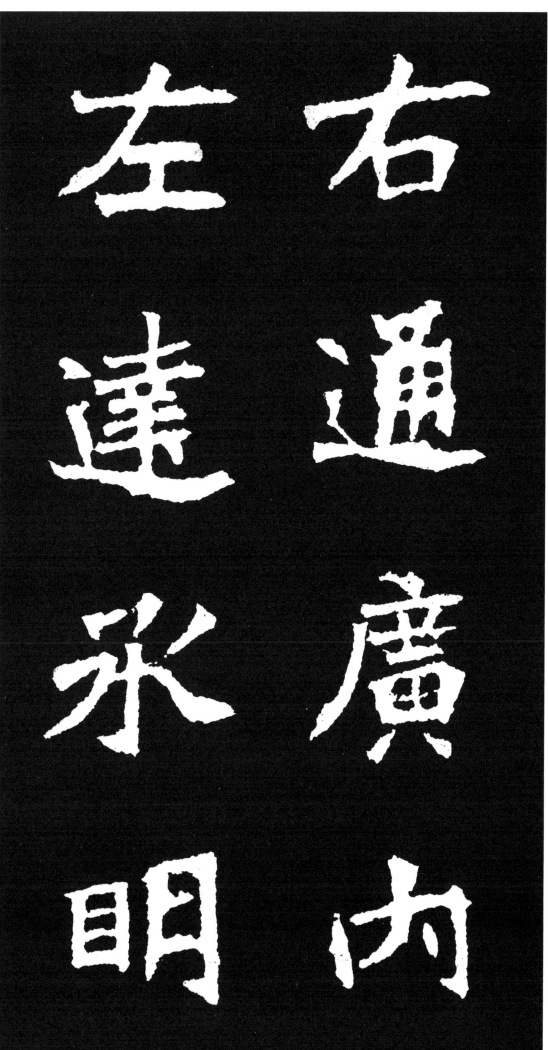

63

右 오른 우・通 통할 통・廣 넓을 광・內 안 내

右通廣內 左達承明
오른쪽으로는 광내전에 통하고、왼쪽으로는 승명려에 다
다른다。

左 왼 좌・達 통달 달・承 이을 승・明 밝을 명

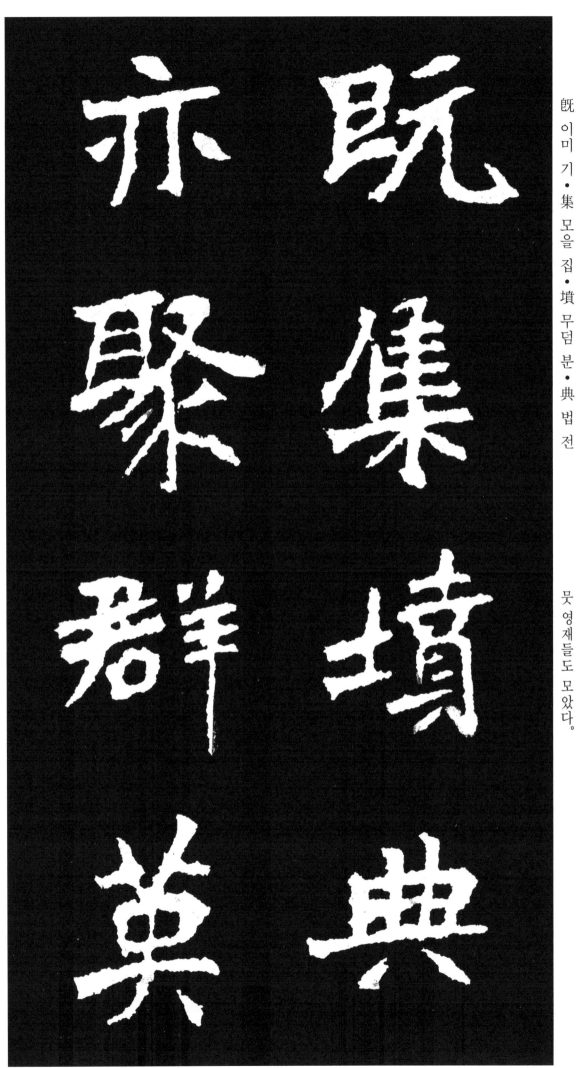

既 이미 기 · 集 모을 집 · 墳 무덤 분 · 典 법 전

既集墳典 亦聚群英
이미 삼분(三墳)과 오전(五典) 같은 책들을 모으고, 뛰어난 뭇 영재들도 모았다.

亦 또 역 · 聚 모을 취 · 群 무리 군 · 英 꽃부리 영

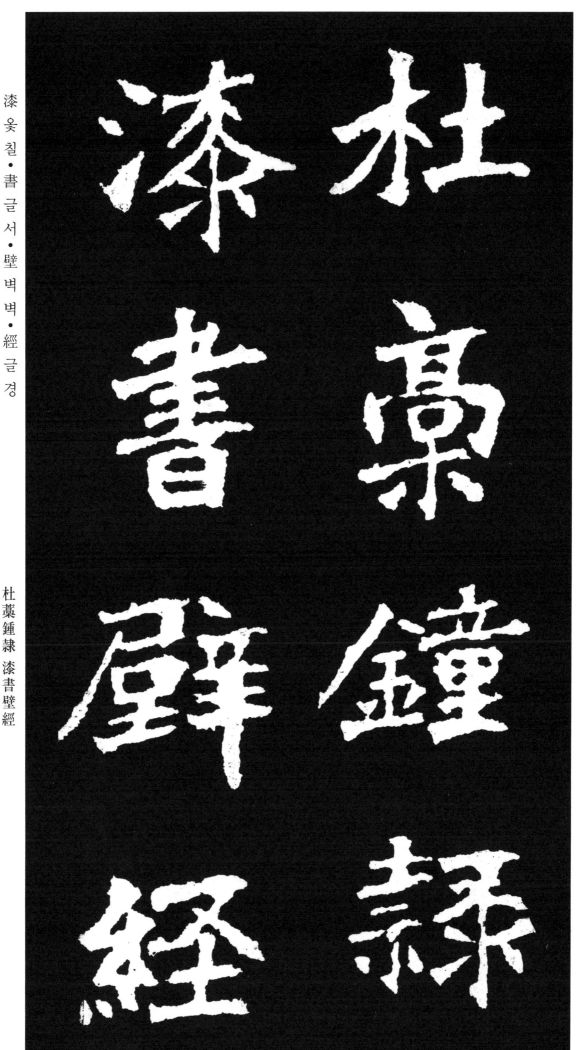

杜 막을 두 • 藁 짚 고 • 鍾 쇠북 종 • 隷 글씨 예

漆 옻 칠 • 書 글 서 • 壁 벽 벽 • 經 글 경

杜藁鍾隷 漆書壁經
글씨로는 두조(杜操)의 초서와 종요(鍾繇)의 예서가 있고, 한나라 영제가 발견한 서책과 공자의 옛집 벽 속에서 나온 육경도 있었다.

府 마을 부・羅 벌릴 라・將 장수 장・相 서로 상

府羅將相 路俠槐卿
관부에는 장수와 정승들이 벌려 있고, 길은 공경(公卿)의
집들을 끼고 있다.

路 길 로・俠 낄 협・槐 괴화나무 괴・卿 벼슬 경

府

羅

將

相

路

俠

槐

卿

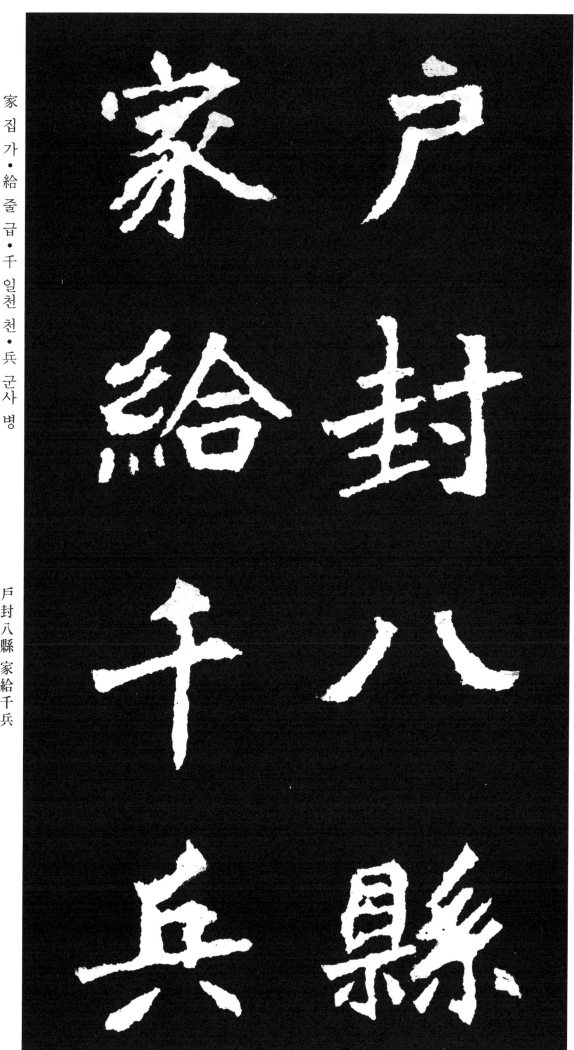

戶 지게 호 · 封 봉할 봉 · 八 여덟 팔 · 縣 고을 현

家 집 가 · 給 줄 급 · 千 일천 천 · 兵 군사 병

戶封八縣 家給千兵
귀척(貴戚)이나 공신에게 호(戶) 현(縣)을 봉하고, 그들의
집에는 많은 군사를 주었다.

67

高 높을 고・冠 갓 관・陪 모실 배・輦 수레 련

驅 몰 구・轂 바퀴 곡・振 떨칠 진・纓 갓끈 영

高冠陪輦 驅轂振纓
높은 관(冠)을 쓰고 임금의 수레를 모시니, 수레를 몰 때마다 관끈이 흔들린다.

68

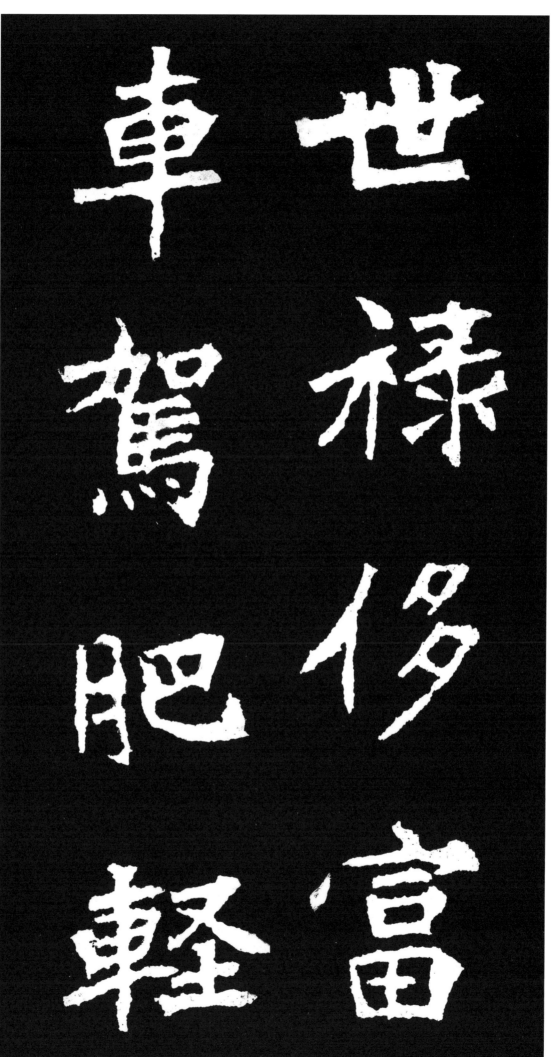

世 인간 세 · 祿 녹 록 · 侈 사치 치 · 富 부자 부

車 수레 거 · 駕 멍에 가 · 肥 살찔 비 · 輕 가벼울 경

世祿侈富 車駕肥輕
대대로 받은 봉록은 사치하고 풍부하며, 말은 살찌고 수
레는 가볍기만 하다.

69

策 꾀 책 • 功 공 공 • 茂 성할 무 • 實 열매 실

策功茂實 勒碑刻銘
공신을 책록하여 실적을 힘쓰게 하고、비명(碑銘)에 찬미
하는 내용을 새긴다。

策 功

茂 實

勒 새길 륵 • 碑 비석 비 • 刻 새길 각 • 銘 새길 명

勒 碑

刻 銘

70

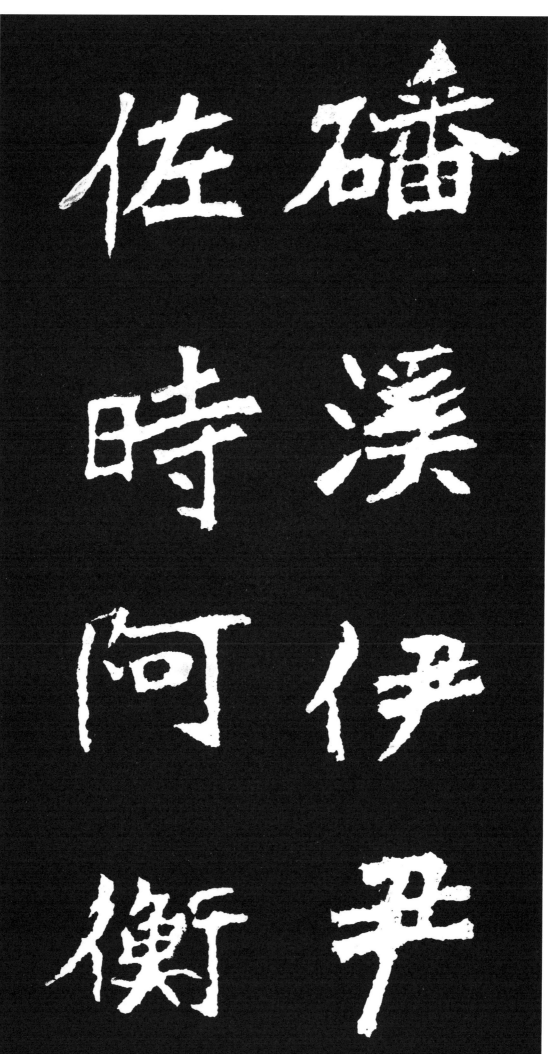

磻 돌 반 · 溪 시내 계 · 伊 저 이 · 尹 맏 윤

佐 도울 좌 · 時 때 시 · 阿 언덕 아 · 衡 저울대 형

磻溪伊尹 佐時阿衡
주문왕(周文王)은 반계에서 강태공을 얻고 은탕왕(殷湯王)은 신야(莘野)에서 이윤을 맞으니, 그들은 때를 도와 재상 아형(阿衡)의 지위에 올랐다.

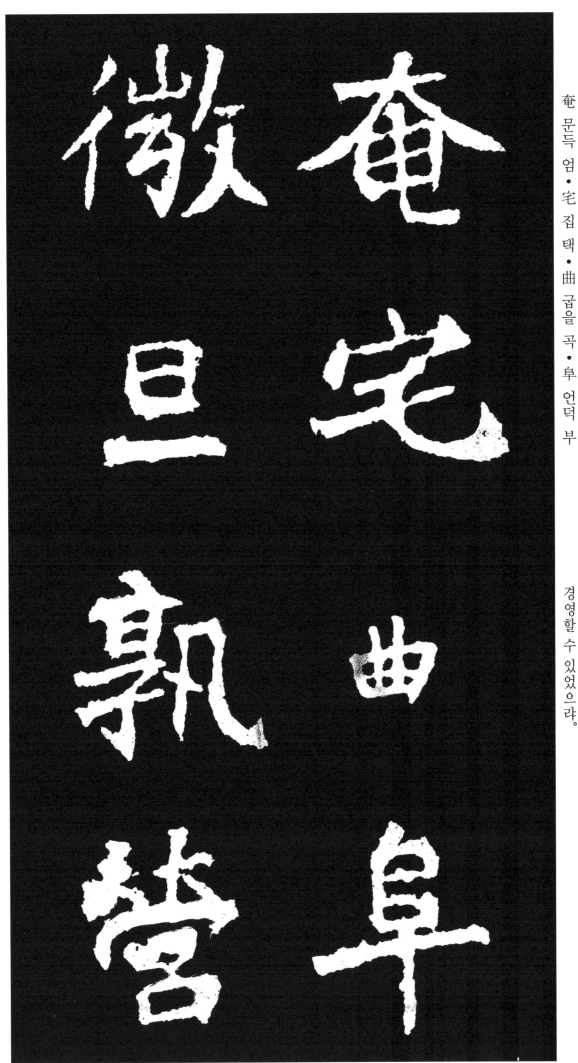

奄 문득 엄·宅 집 택·曲 굽을 곡·阜 언덕 부

奄宅曲阜 微旦孰營
큰 집을 곡부(曲阜)에 정해주었으니、단(旦)이 아니면 누가 경영할 수 있었으랴.

微 작을 미·旦 아침 단·孰 누구 숙·營 경영할 영

濟 건널 제 • 弱 약할 약 • 扶 붙들 부 • 傾 기울어질 경

桓公匡合 濟弱扶傾

제나라 환공은 천하를 바로잡아 제후를 모으고, 약한 자를 구하고 기우는 나라를 붙들어 일으켰다.

綺 비단 기 · 回 돌아올 회 · 漢 한수 한 · 惠 은혜 혜

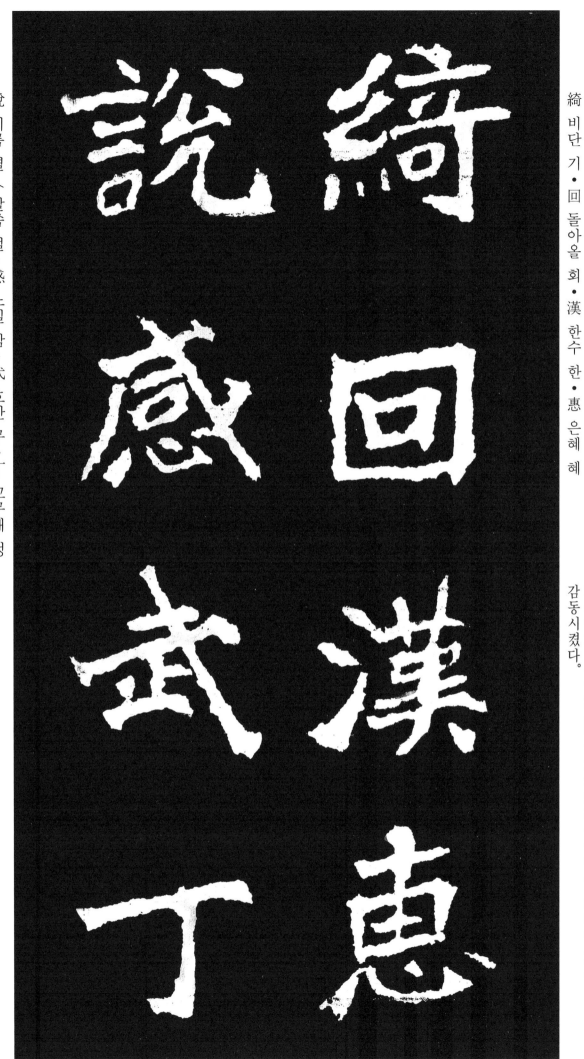

說 이름 열 / 말씀 설 · 感 느낄 감 · 武 호반 무 · 丁 고무래 정

綺回漢惠說感武丁
기리계(綺理季) 등은 한나라 혜제(惠帝)의 태자 자리를 회복하고、부열(傅說)은 무정(武丁)의 꿈에 나타나 그를 감동시켰다。

74

俊 준걸 준 · 乂 어질 예 · 密 빽빽할 밀 · 勿 말 물

多 많을 다 · 士 선비 사 · 寔 이 식 · 寧 편안할 녕

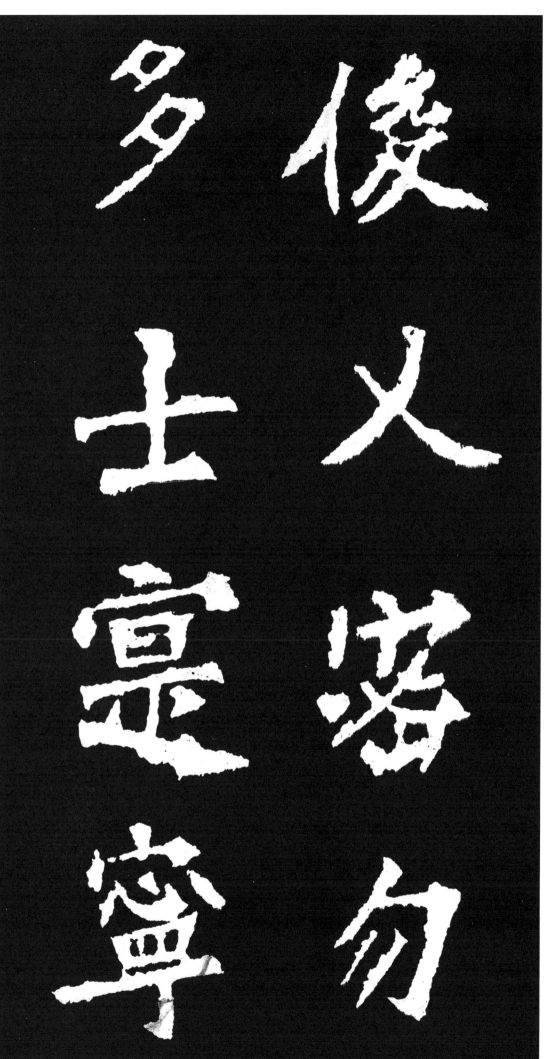

俊乂密勿 多士寔寧
재주와 덕을 지닌 이들이 부지런히 힘쓰고, 많은 인재들
이 있어 나라는 실로 편안했다.

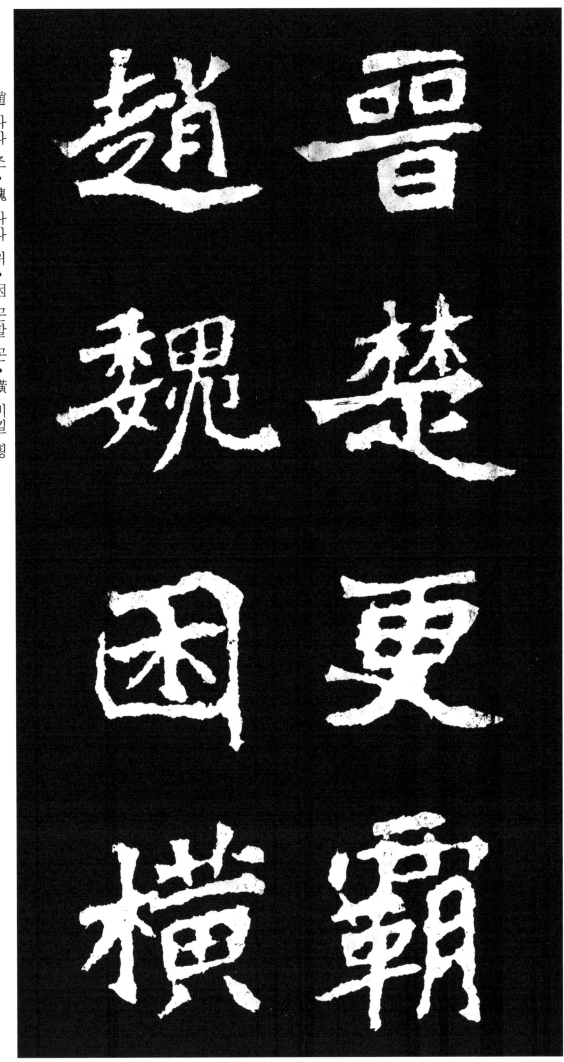

晉 나라 진·楚 나라 초·更 바꿀 경 / 다시 갱·霸 으뜸 패

晉楚更霸 趙魏困横
진문공(晉文公)과 초장왕(楚莊王)은 번갈아 패자가 되었
고, 조(趙)나라와 위(魏)나라는 연횡책(連横策) 때문에 곤
란을 겪었다.

趙 나라 조·魏 나라 위·困 곤할 곤·横 비낄 횡

76

假 빌릴 가 • 途 길 도 • 滅 멸할 멸 • 虢 나라 괵

假
途
滅
虢

踐 밟을 천 • 土 흙 토 • 會 모을 회 • 盟 맹세 맹

踐
土
會
盟

假途滅虢 踐土會盟

진헌공(晉獻公)은 길을 빌려 괵(虢)나라를 멸했고, 진문
공(晉文公)은 제후를 천토(踐土)에 모아 맹세하게 했다.

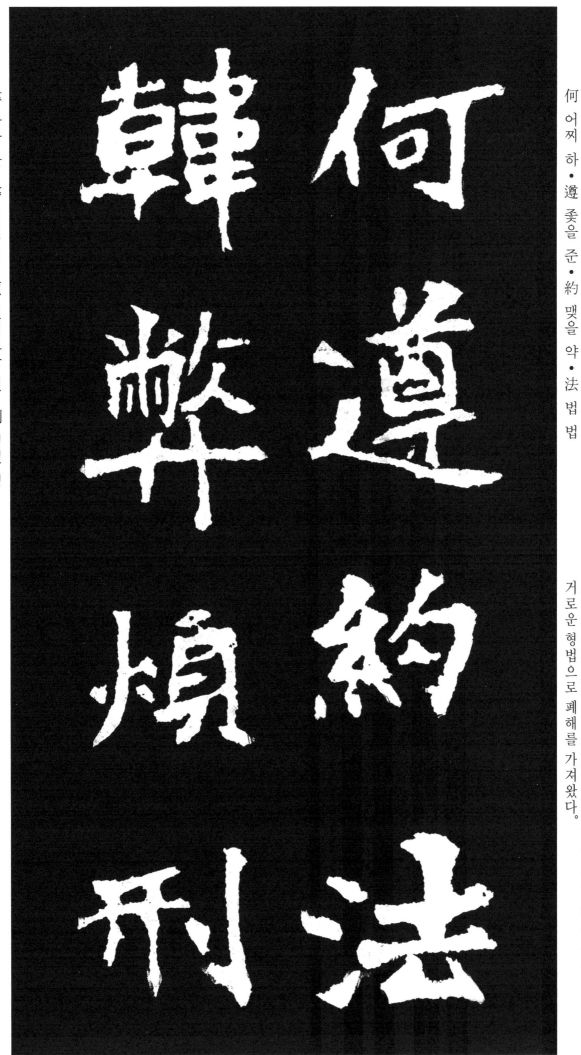

何어찌하 · 遵좇을준 · 約맺을약 · 法법법

何 어찌 하 · 遵 좇을 준 · 約 맺을 약 · 法 법 법

何遵約法 韓弊煩刑
소하(蕭何)는 줄인 법 세 조항을 지켰고, 한비(韓非)는 번
거로운 형법으로 폐해를 가져왔다.

韓 나라 한 · 弊 해질 폐 · 煩 번거로울 번 · 刑 형벌 형

78

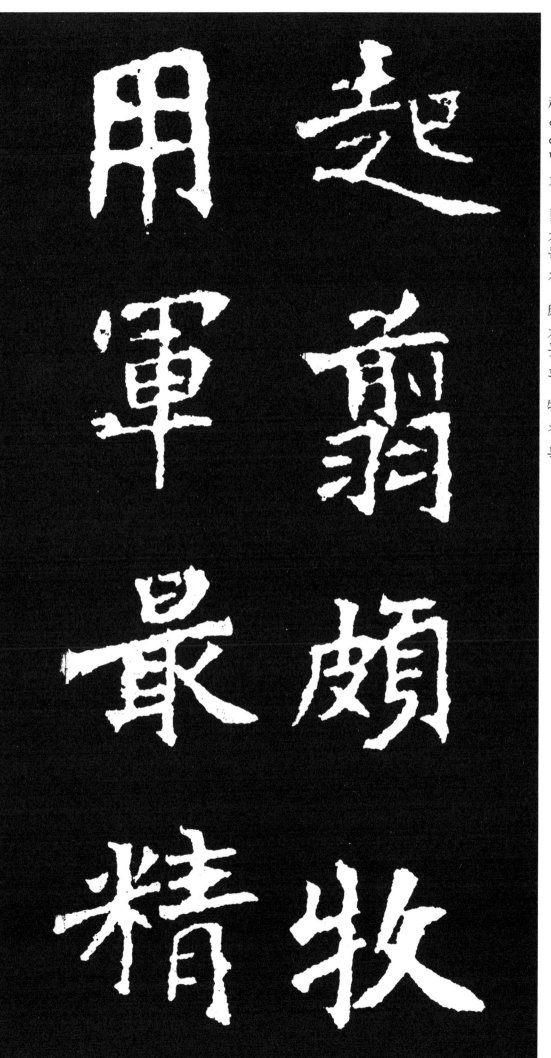

起 일어날 기 • 翦 자를 전 • 頗 자못 파 • 牧 칠 목

用 쓸 용 • 軍 군사 군 • 最 가장 최 • 精 정할 정

起翦頗牧 用軍最精
진(秦)나라의 백기(白起)와 왕전(王翦), 조나라의 염파(廉頗)와 이목(李牧)은 군사 부리기를 가장 정밀하게 했다.

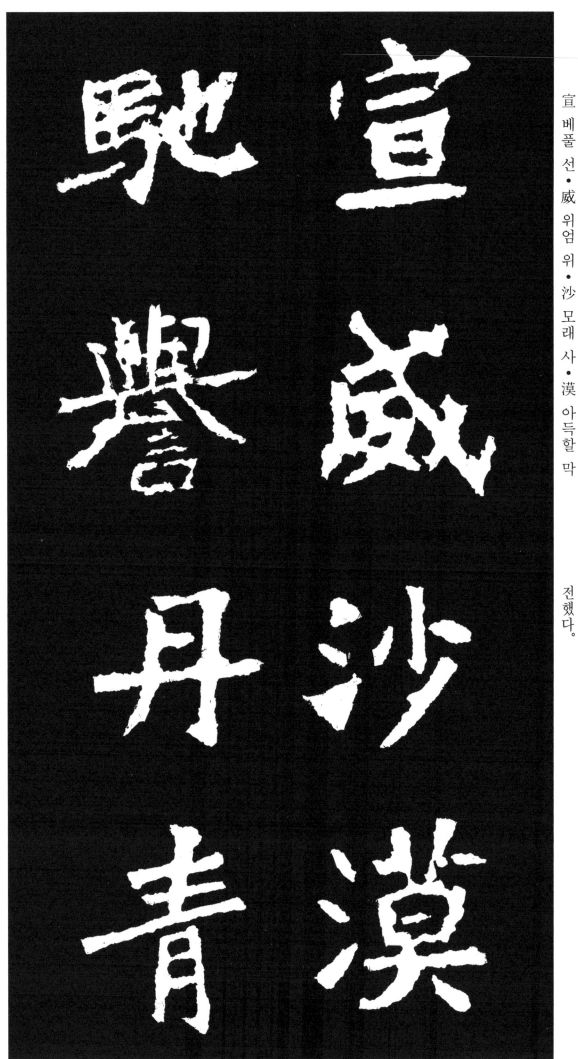

宣 베풀 선・威 위엄 위・沙 모래 사・漠 아득할 막

宣威沙漠 馳譽丹靑
위엄을 사막에까지 펼치니、그 명예를 채색으로 그려서
진했다。

馳 달릴 치・譽 기릴 예・丹 붉을 단・靑 푸를 청

80

九 아홉 구 • 州 고을 주 • 禹 임금 우 • 跡 자취 적

百 일백 백 • 郡 고을 군 • 秦 나라 진 • 幷 아우를 병

九州禹跡 百郡秦幷
구주(九州)는 우임금의 공적의 자취요、 모든 고을은 진나라
시황이 아우른 것이다。

九

州

禹

跡

百

郡

秦

並

81

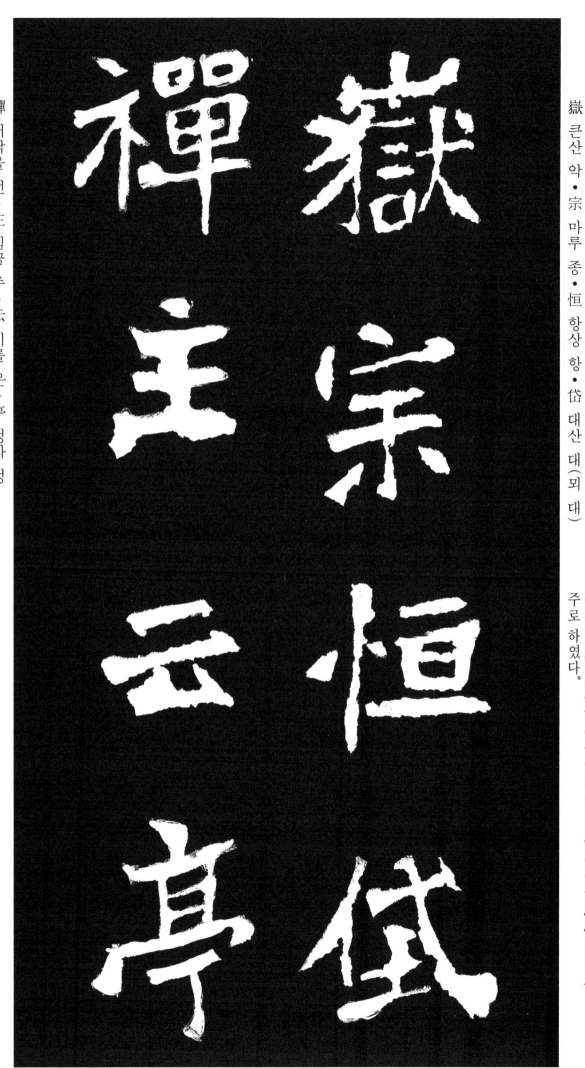

嶽 큰산 악 · 宗 마루 종 · 恒 항상 항 · 岱 대산 대(뫼 대)

嶽宗恒岱 禪主云亭
오악(五嶽) 중에는 항산(恒山)과 태산(泰山)이 으뜸이고,
봉선(封禪) 제사는 운운산(云云山)과 정정산(亭亭山)에서
주로 하였다.

禪 터닦을 선 · 主 임금 주 · 云 이를 운 · 亭 정자 정

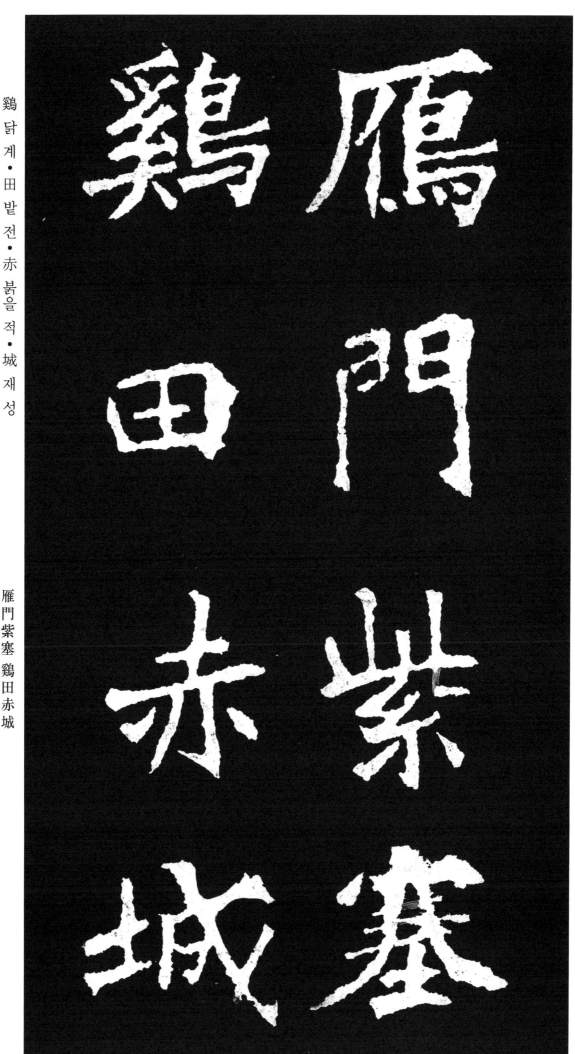

雁
기러기 안 · 門 문 문 · 紫 붉을 자 · 塞 변방 새

鷄 닭 계 · 田 밭 전 · 赤 붉을 적 · 城 재 성

雁門紫塞 鷄田赤城
안문과 자새, 계전과 적성, 안문은 기러기가 북으로 가는
고로 안문이고 흑색은 본래 붉은 고로 자색이며 계전은
용주에 있고 적성은 기주에 있는 고을 이름이다.

昆 만 곤 · 池 못 지 · 碣 돌 갈 · 石 돌 석

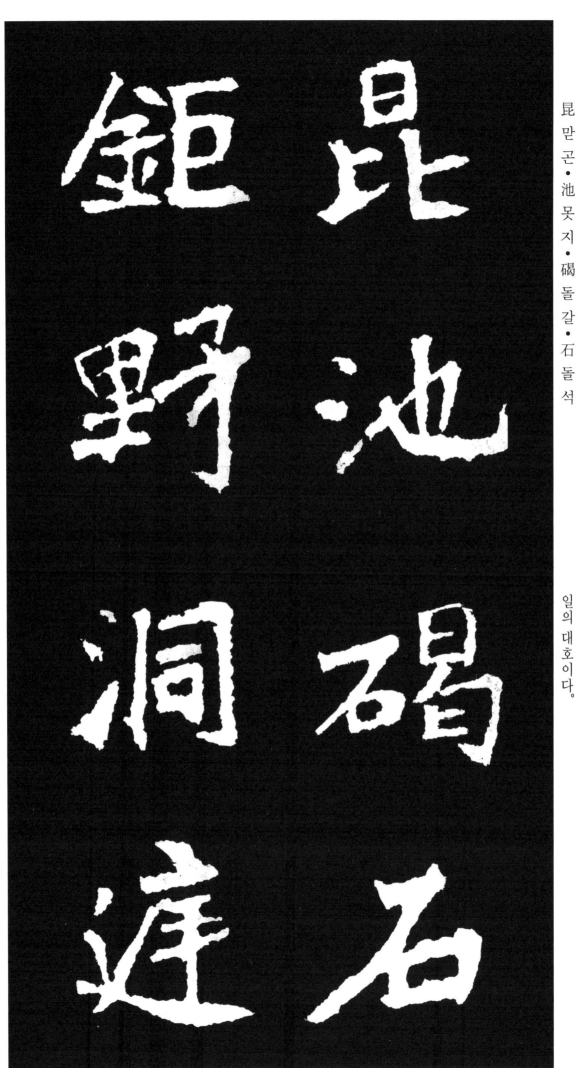

鉅 톱 거 · 野 들 야 · 洞 고을 동 · 庭 뜰 정

昆池碣石 鉅野洞庭
곤지는 운남에 있고 갈석은 부평현에 있다. 거야는 태산 동편에 있고 동정은 호남성에 있는 중국 제 일의 대호이다.

84

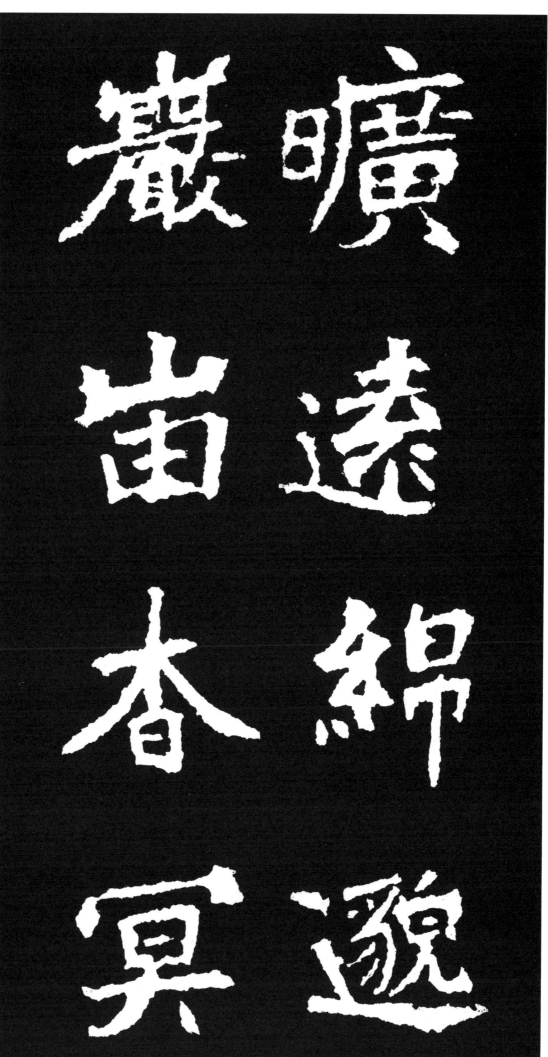

曠 빌 광 • 遠 멀 원 • 綿 솜 면 • 邈 멀 막

嚴 바위 암 • 岫 멧부리 수 • 杳 아득할 묘 • 冥 어두울 명

曠遠綿邈 巖岫杳冥
너무나 멀어 끝없이 아득하고、바위와 산은 그윽하여 깊고
어두워 보인다。

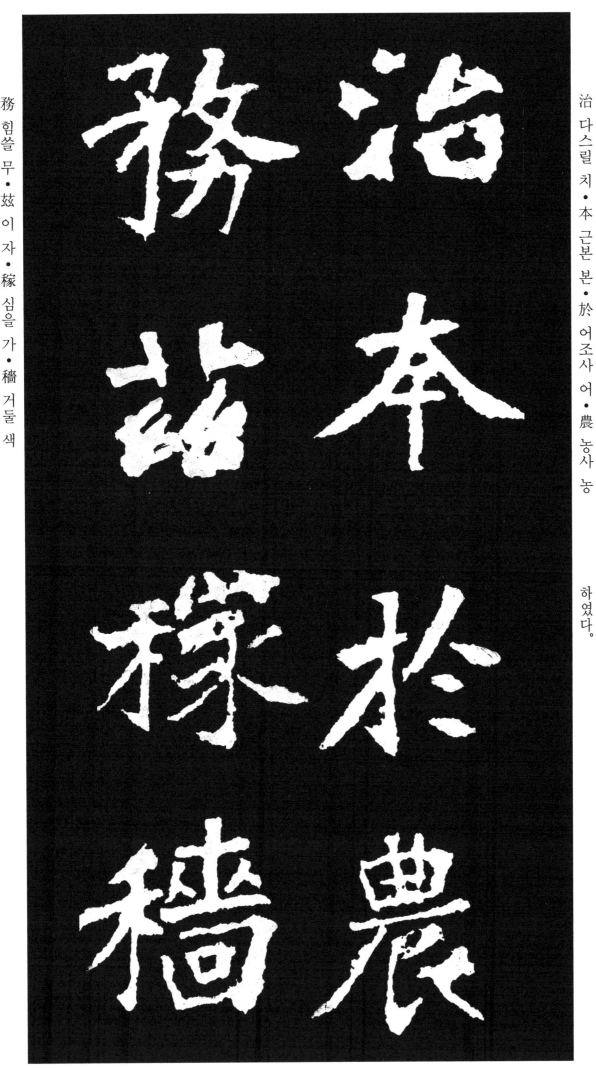

治 다스릴 치·本 근본 본·於 어조사 어·農 농사 농

治本於農 務玆稼穡
다스림은 농업을 근본으로 삼아, 심고 거두기를 힘쓰게
하였다.

務 힘쓸 무·玆 이 자·稼 심을 가·穡 거둘 색

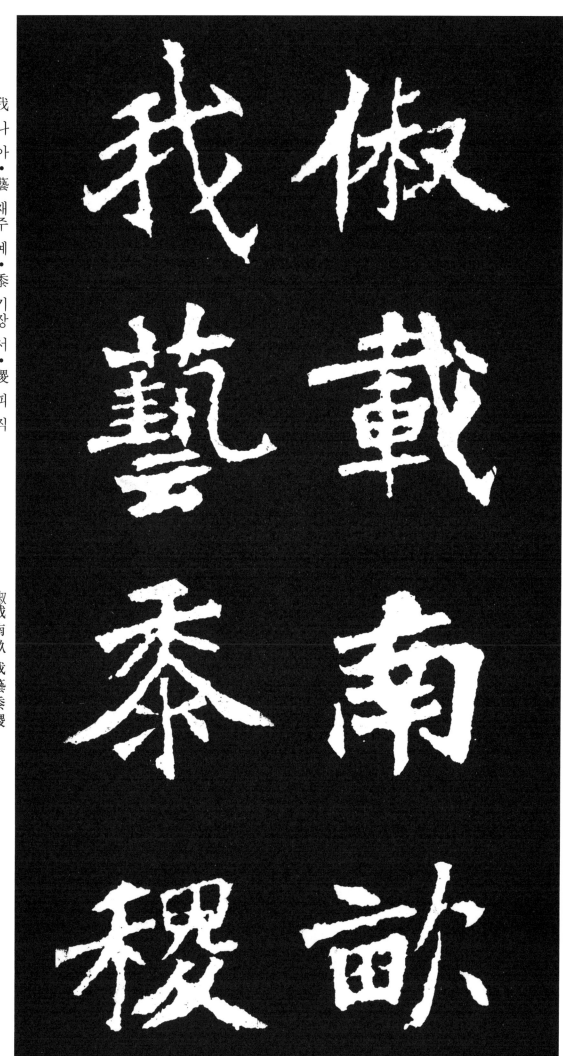

俶 비로소 숙・載 실을 재・南 남녘 남・畝 이랑 묘

我 나 아・藝 재주 예・黍 기장 서・稷 피 직

俶載南畝 我藝黍稷

봄이 되면 남쪽 이랑에서 일을 시작하니, 우리는 기장과 피를 심으리라.

稅 구실 세 · 熟 익을 숙 · 貢 바칠 공 · 新 새 신

稅熟貢新 勸賞黜陟
익은 곡식으로 세금을 내고 새 곡식으로 종묘에 제사하니, 권면하고 상을 주되 무능한 사람은 내치고 유능한 사람은 등용한다.

税熟貢新

勸賞黜陟

勸 권할 권 · 賞 상줄 상 · 黜 내칠 출 · 陟 오를 척

孟 맏 맹 · 軻 수레 가 · 敦 도타울 돈 · 素 흴 소

史 역사 사 · 魚 물고기 어 · 秉 잡을 병 · 直 곧을 직

孟軻敦素 史魚秉直
맹자(孟子)는 행동이 도탑고 소박했으며, 사어(史魚)는
직간(直諫)을 잘 하였다.

庶幾中庸勞謙謹勅
중용에 가까우려면, 근로하고 겸손하고 삼가고 신직해야 한다.

庶 幾

中 庸

勞 謙

謹 勅

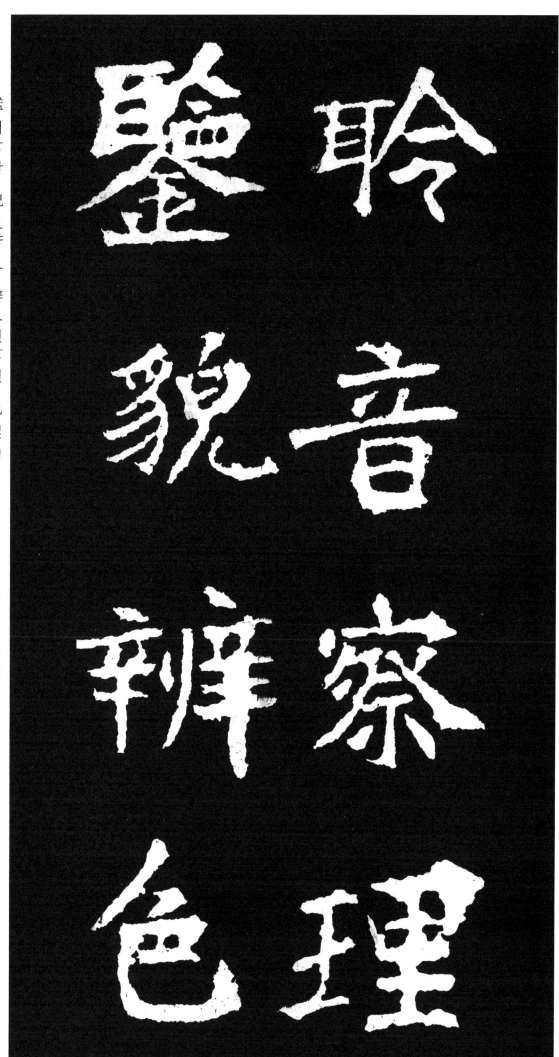

聆 들을 령・音 소리 음・察 살필 찰・理 다스릴 리

鑑 거울 감・貌 모양 모・辨 분변할 변・色 빛 색

聆音察理 鑑貌辨色
소리를 들어 이치를 살피며, 모습을 거울삼아 낯빛을
분별한다。

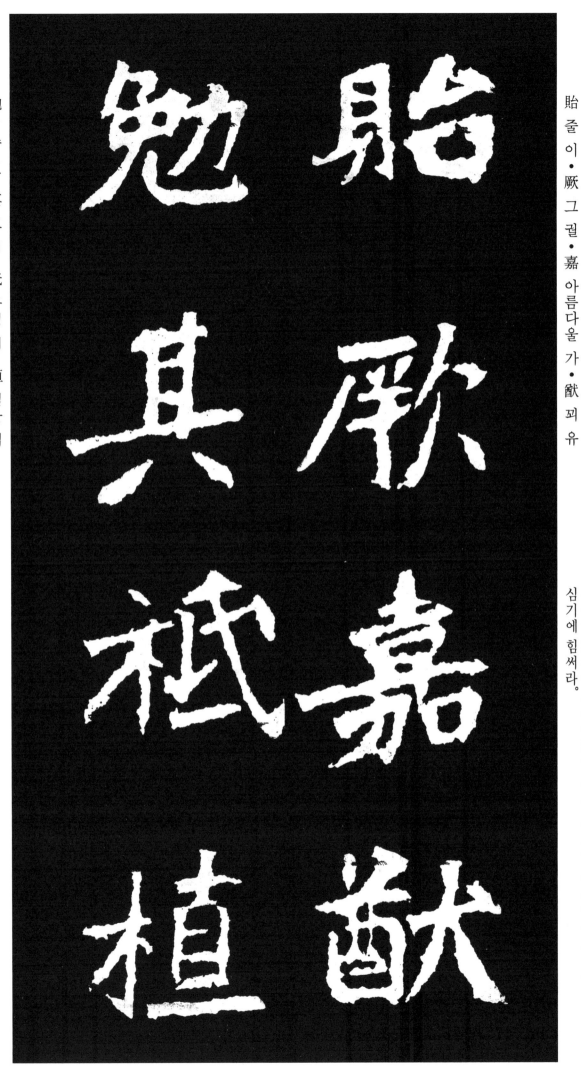

貽 줄 이 · 厥 그 궐 · 嘉 아름다울 가 · 猷 꾀 유

貽厥嘉猷勉其祗植
훌륭한 계획을 후손에게 남기고, 공경히 선조들의 계획을
심기에 힘써라.

勉 힘쓸 면 · 其 그 기 · 祗 공경 지 · 植 심을 식

92

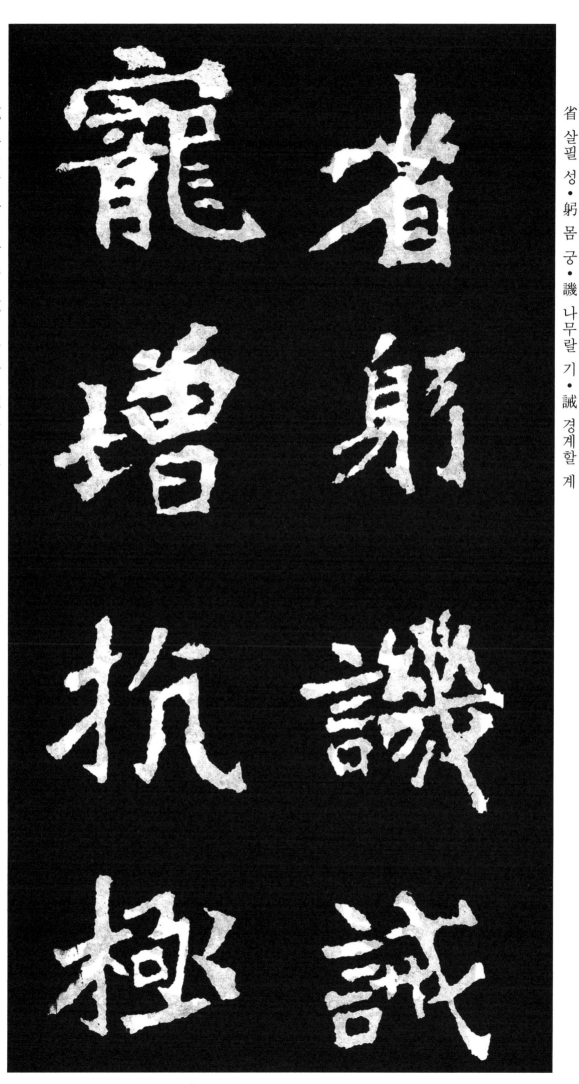

省 살필 성・躬 몸 궁・譏 나무랄 기・誡 경계할 계

寵 고일 총・增 더할 증・抗 겨룰 항・極 극진 극

省躬譏誡 寵增抗極
자기 몸을 살피고 남의 비방을 경계하며, 은총이 날로
더하면 항거심(抗拒心)이 극에 달함을 알라.

殆 위태할 태 • 辱 욕될 욕 • 近 가까울 근 • 恥 부끄러울 치

殆辱近恥 林皐幸卽
위태로움과 욕됨은 부끄러움에 가까우니, 숲이 있는 물가로 가서 한거(閑居)하는 것이 좋다.

林 수풀 림 • 皐 언덕 고 • 幸 다행 행 • 卽 곧 즉

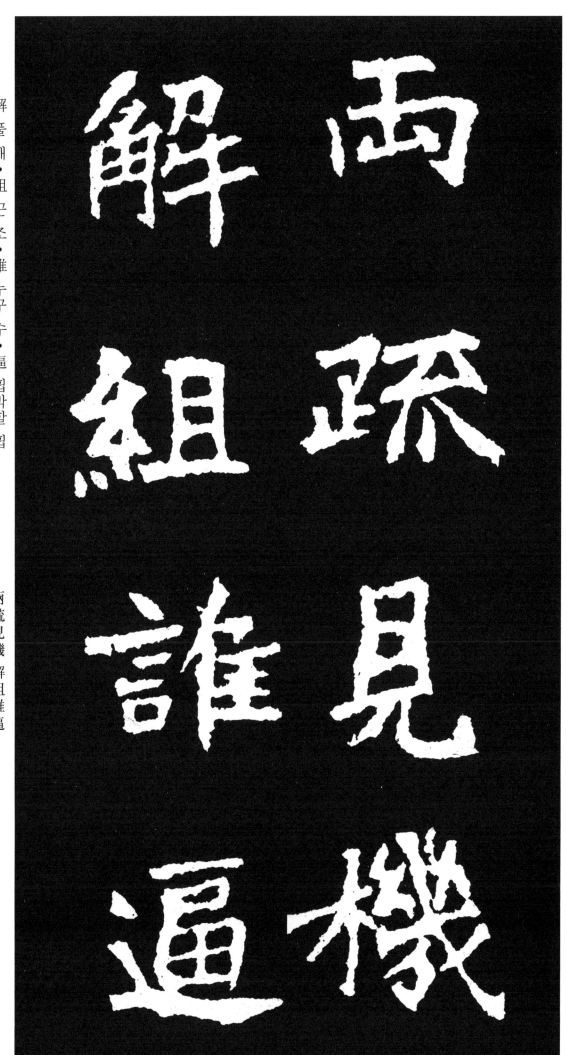

兩 두 량 · 疏 성글 소 · 見 볼 견 · 機 틀 기

解 풀 해 · 組 끈 조 · 誰 누구 수 · 逼 핍박할 핍

兩疏見機 解組誰逼
한대(漢代)의 소광(疏廣)과 소수(疏受)는 기회를 보아
관의 끈을 풀어 놓고 가버렸으니, 누가 그 행동을 막을
수 있으리오.

95

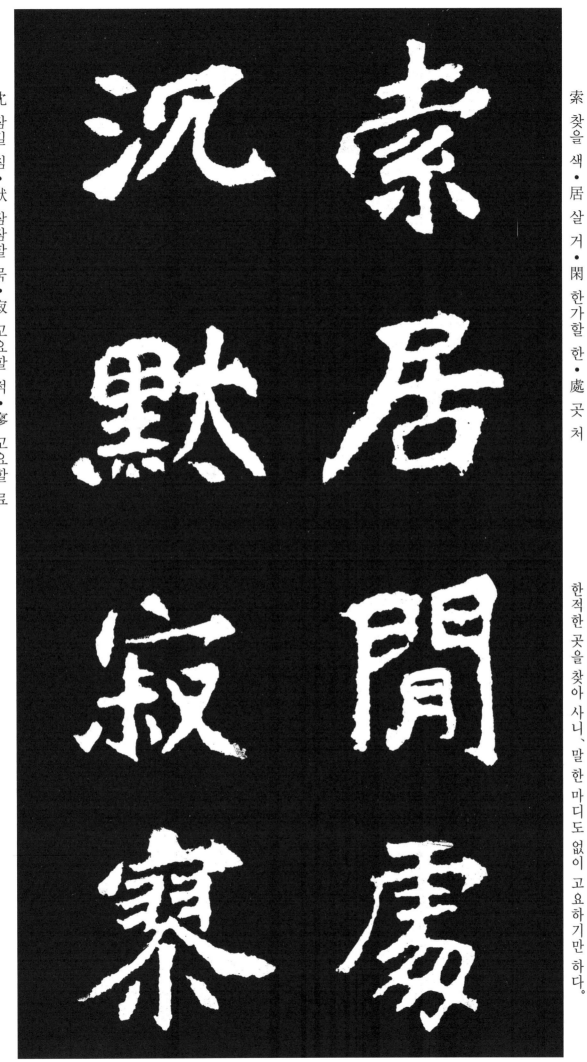

索 찾을 색 · 居 살 거 · 閑 한가할 한 · 處 곳 처

索居閑處 沈默寂寥
한적한 곳을 찾아 사니, 말 한 마디도 없이 고요하기만 하다.

沈 잠길 침 · 默 잠잠할 묵 · 寂 고요할 적 · 寥 고요할 료

96

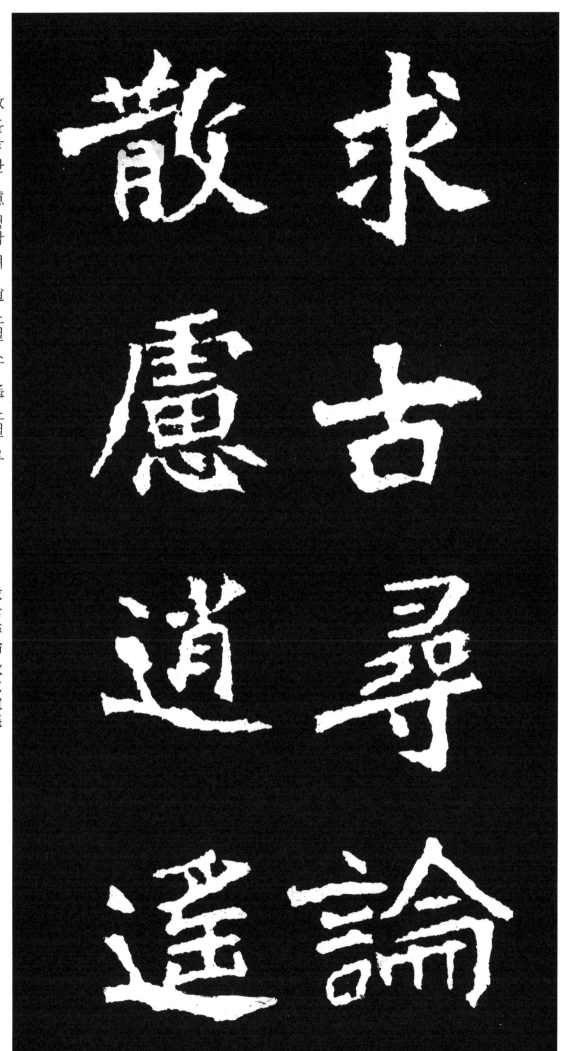

散 흩을 산・慮 생각 려・逍 노닐 소・遙 노닐 요

求古尋論散慮逍遙
옛 사람의 글을 구하고 도(道)를 찾으며, 모든 생각을 흩
어버리고 평화로이 노닌다.

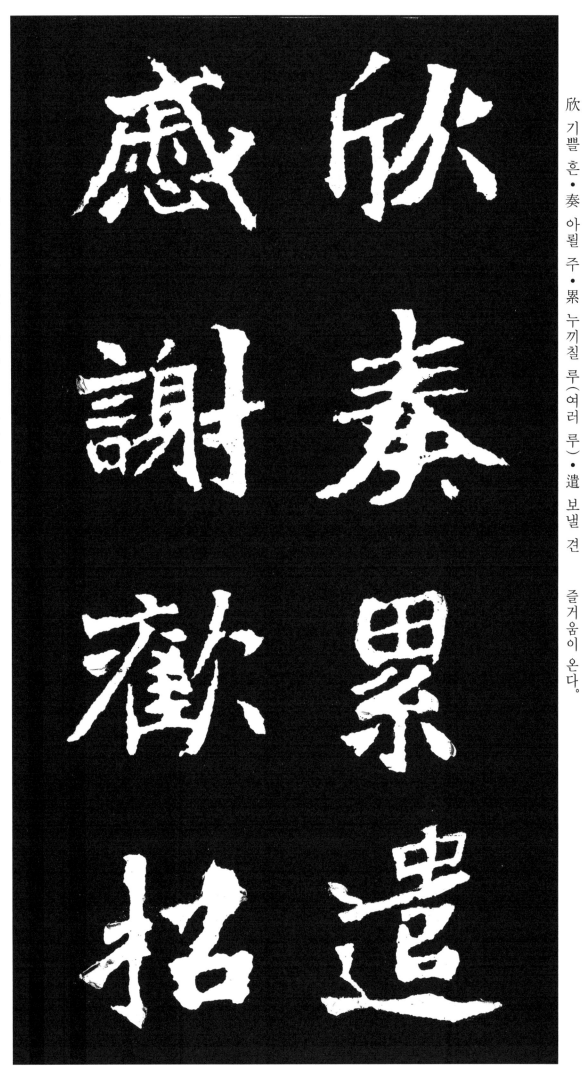

欣 기쁠 흔 · 奏 아뢸 주 · 累 누끼칠 루(여러 루) · 遣 보낼 견

欣奏累遣 感謝歡招
기쁨은 모여들고 번거로움은 사라지니, 슬픔은 물러가고 즐거움이 온다.

感 슬플 척 · 謝 말씀 사 · 歡 기쁠 환 · 招 부를 초

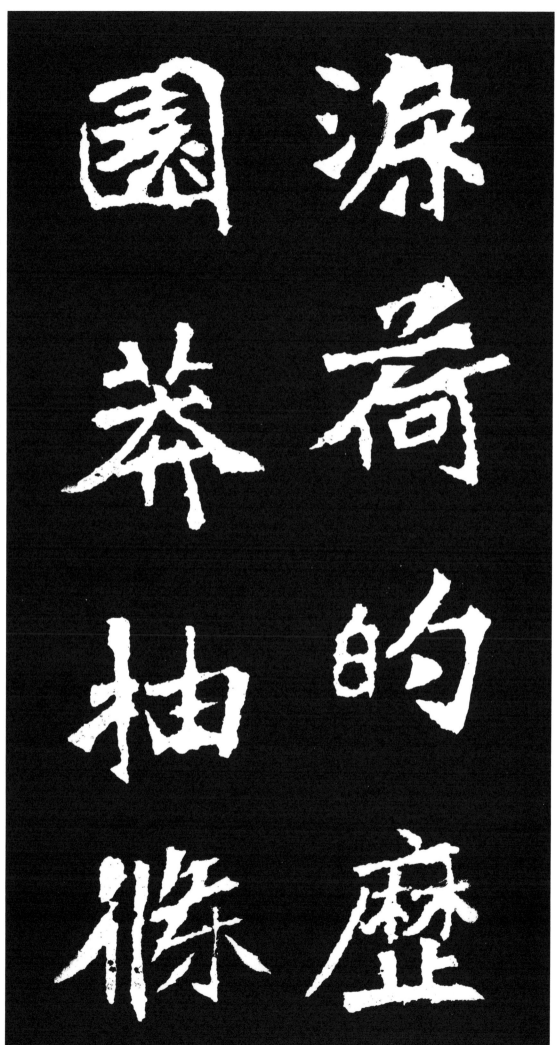

渠 개천 거 · 荷 연꽃 하 · 的 마침 적 · 歷 지날 력

園 동산 원 · 莽 풀 망 · 抽 뺄 추 · 條 가지 조

渠荷的歷 園莽抽條
도랑의 연꽃은 곱고 분명하며, 동산에 우거진 풀들은 쭉쭉
빼어나다。

枇
비파 비 • 杷 비파 파 • 晩 늦을 만 • 翠 푸를 취

枇杷晩翠 梧桐早凋
비파나무 잎새는 늦도록 푸르고、오동나무 잎새는 일찍
부터 시든다。

枇杷晩翠

梧桐早凋

梧 오동 오 • 桐 오동 동 • 早 이를 조 • 凋 시들 조

100

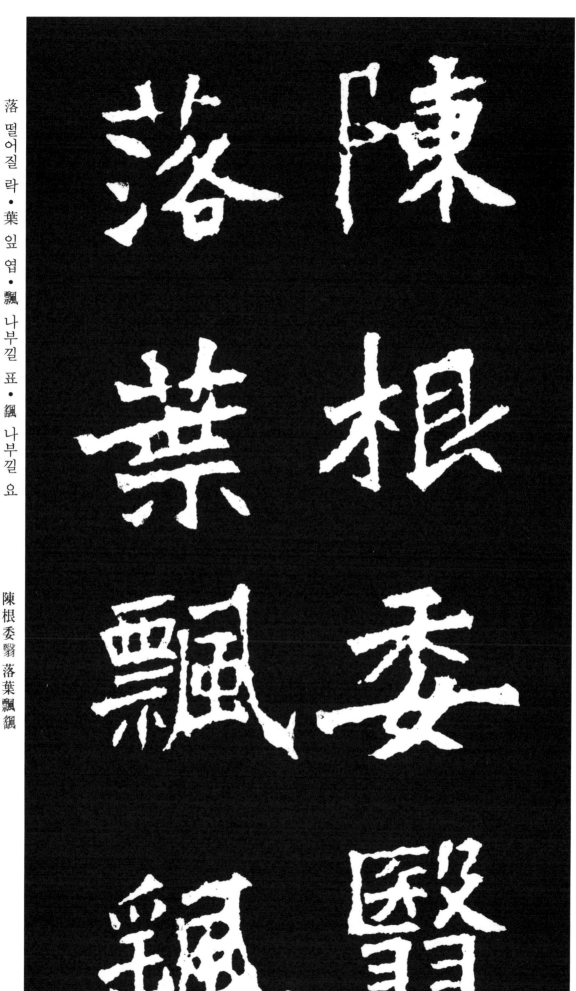

陳 베풀 진 • 根 뿌리 근 • 委 맡길 위 • 翳 가릴 예

落 떨어질 락 • 葉 잎 엽 • 飄 나부낄 표 • 颻 나부낄 요

陳根委翳 落葉飄颻
묵은 뿌리들은 버려져 있고, 떨어진 나뭇잎은 바람따라 흩날린다.

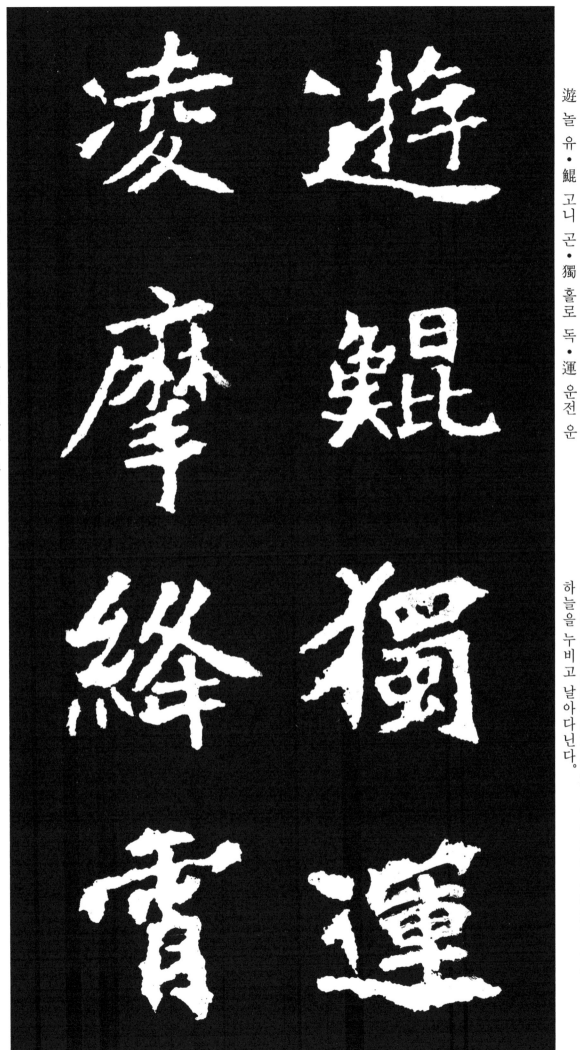

遊 놀 유 • 鯤 고니 곤 • 獨 홀로 독 • 運 운전 운

凌 능멸할 릉 • 摩 만질 마 • 絳 붉을 강 • 霄 하늘 소

遊鯤獨運 凌摩絳霄
곤어는 홀로 바다를 노닐다가, 붕새 되어 올라가면 붉은
하늘을 누비고 날아다닌다.

102

耽 즐길 탐・讀 읽을 독・翫 구경 완・市 저자 시

寓 붙일 우・目 눈 목・囊 주머니 낭・箱 상자 상

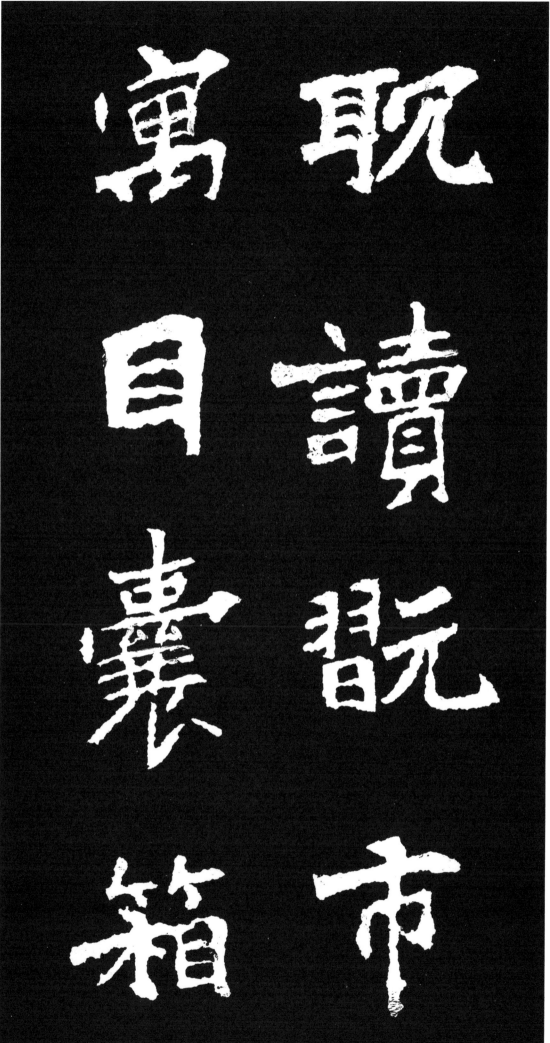

耽讀翫市 寓目囊箱

저잣거리 책방에서 글 읽기에 흠뻑 빠져, 정신 차려 자세히 보니 마치 글을 주머니나 상자 속에 갈무리하는 것 같다.

103

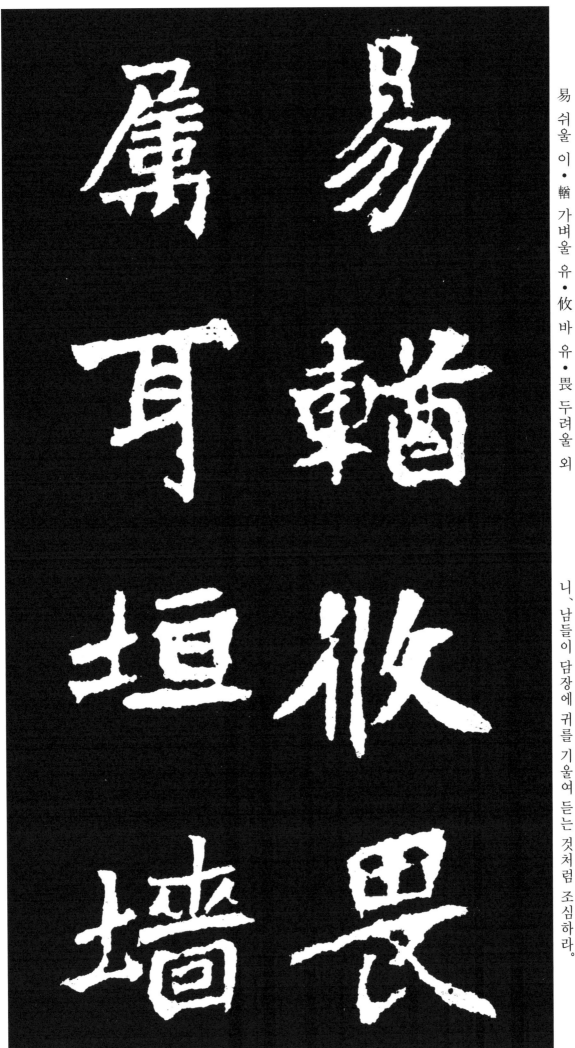

易 쉬울 이・輶 가벼울 유・攸 바 유・畏 두려울 외

屬 붙일 속（촉）・耳 귀 이・垣 담 원・墻 담 장

易輶攸畏 屬耳垣墻
말하기를 쉽고 가벼이 여기는 것은 두려워할 만한 일이
니、남들이 담장에 귀를 기울여 듣는 것처럼 조심하라。

104

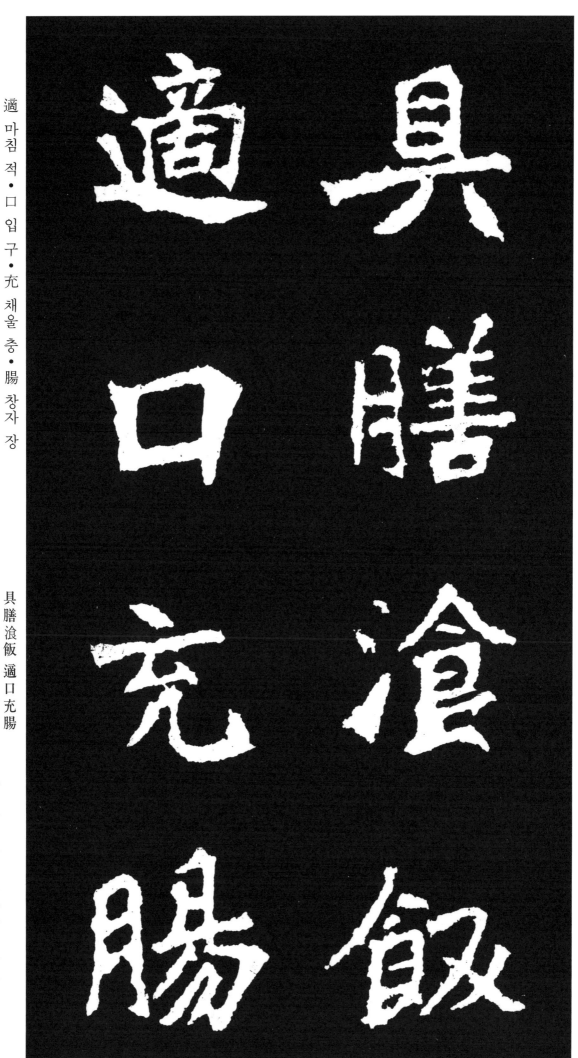

具 갖출 구 • 膳 반찬 선 • 飡 밥 손 • 飯 밥 반

適 마침 적 • 口 입 구 • 充 채울 충 • 腸 창자 장

具膳飡飯適口充腸

具膳飡飯을 갖추어 밥을 먹으니, 입맛에 맞게 창자를 채울 뿐이다.

105

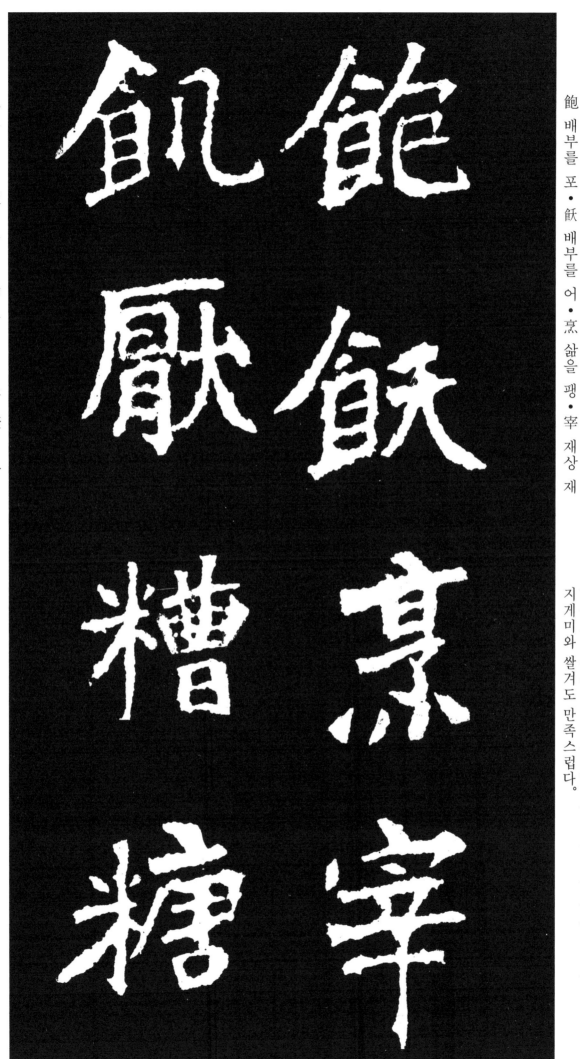

飽 배부를 포 · 飫 배부를 어 · 烹 삶을 팽 · 宰 재상 재

飢 주릴 기 · 厭 싫을 염 · 糟 술지게미 조 · 糠 겨 강

飽飫烹宰 飢厭糟糠
배부르면 아무리 맛있는 요리도 먹기 싫고, 굶주리면 술
지게미와 쌀겨도 만족스럽다.

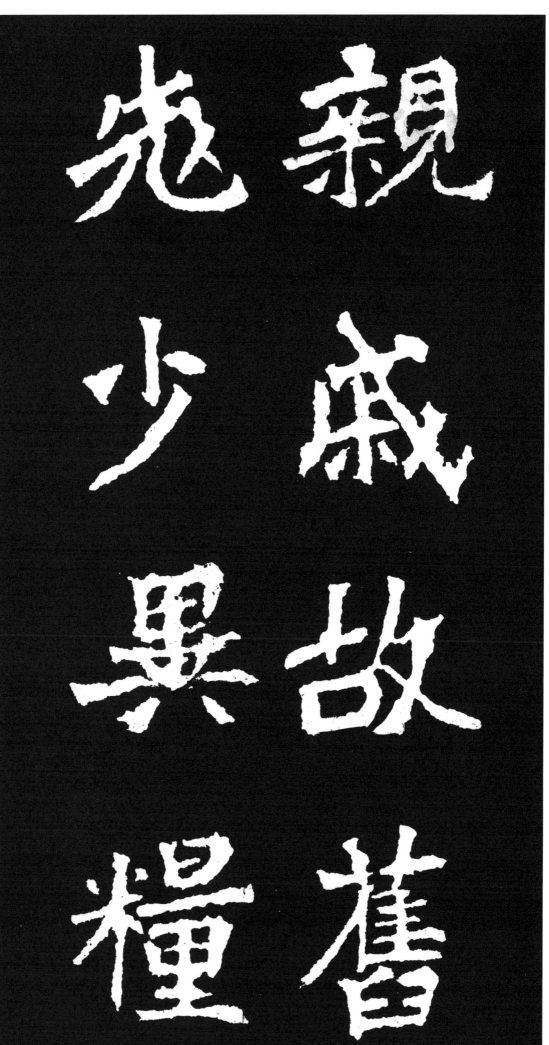

老 늙을 로 • 少 젊을 소 • 異 다를 이 • 糧 양식 량

親戚故舊 老少異糧
친척이나 친구들을 대접할 때는, 노인과 젊은이의 음식을 달리해야 한다.

107

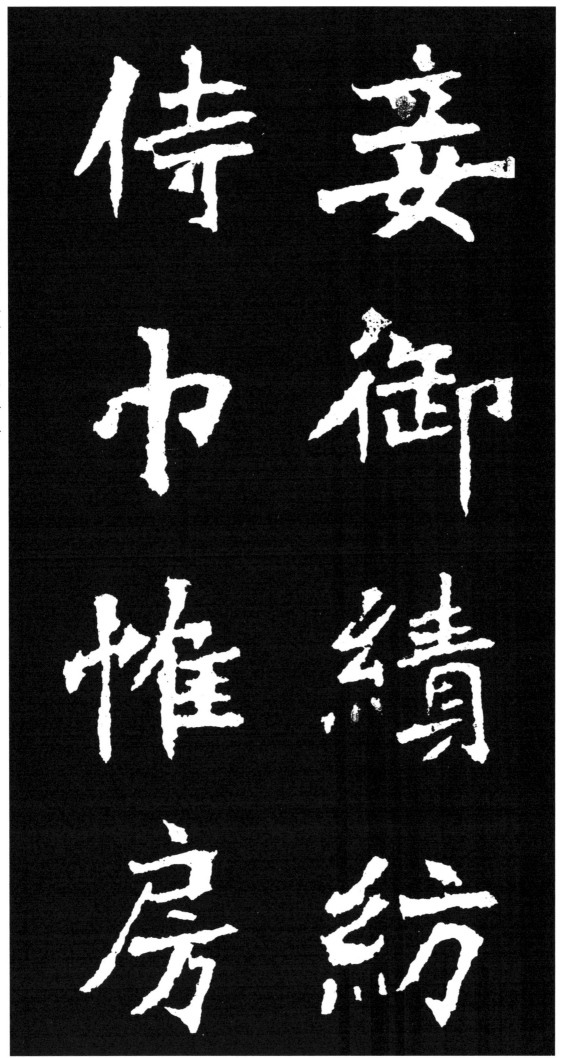

妾
첩 첩・御 모실 어・績 길쌈 적・紡 길쌈 방

姜御績紡 侍巾帷房
아내나 첩은 길쌈을 하고, 안방에서는 수건과 빗을 가지고
남편을 섬긴다.

侍
모실 시・巾 수건 건・帷 장막 유・房 방 방

108

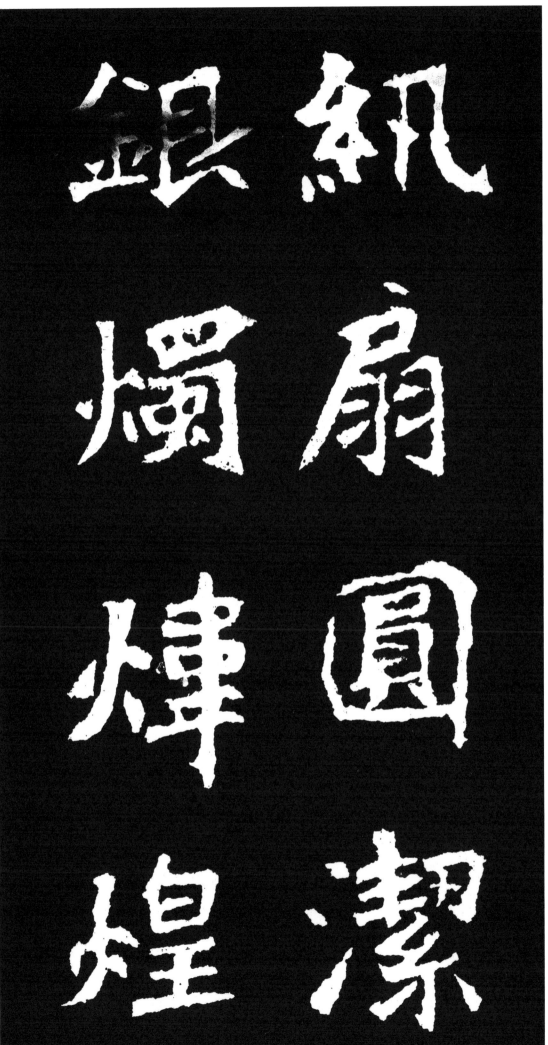

紈 흰깁 환 · 扇 부채 선 · 圓 둥글 원 · 潔 맑을 결

銀 은 은 · 燭 촛불 촉 · 煒 빛날 위 · 煌 빛날 황

紈扇圓潔 銀燭煒煌

비단 부채는 둥글고 깨끗하며, 은빛 촛불은 휘황하게 빛
난다.

109

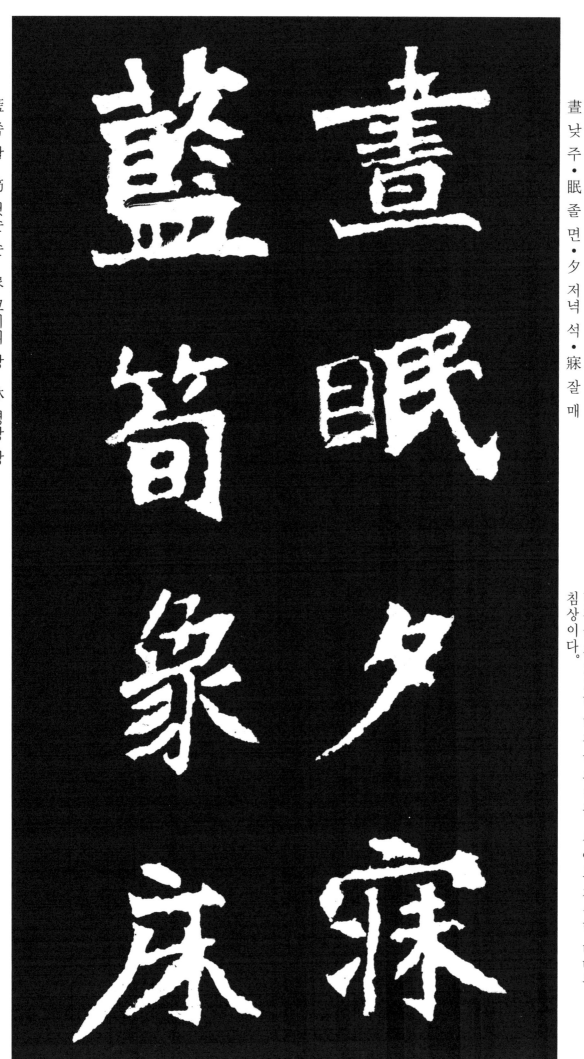

晝 낮 주 • 眠 졸 면 • 夕 저녁 석 • 寐 잘 매

藍 쪽 람 • 筍 댓순 순 • 象 코끼리 상 • 牀 평상 상

晝眠夕寐 藍筍象牀
낮잠을 즐기거나 밤잠을 누리는, 상아로 장식한 대나무 침상이다.

110

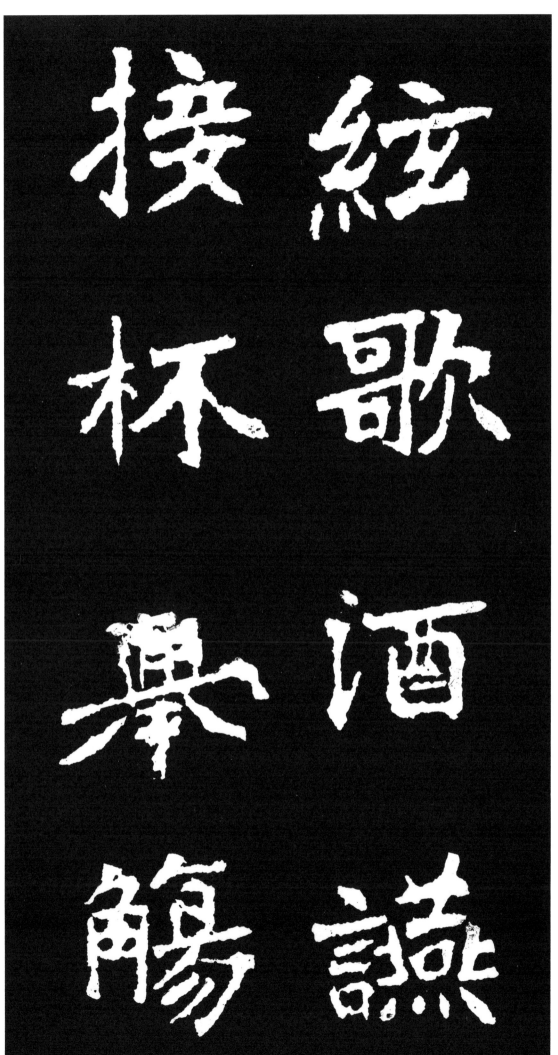

絃 줄 현 · 歌 노래 가 · 酒 술 주 · 讌 잔치 연

接 접할 접 · 盃 잔 배 · 擧 들 거 · 觴 잔 상

絃歌酒讌 接盃擧觴
연주하고 노래하는 잔치마당에서는, 잔을 주고받기도 하며
혼자서 들기도 한다。

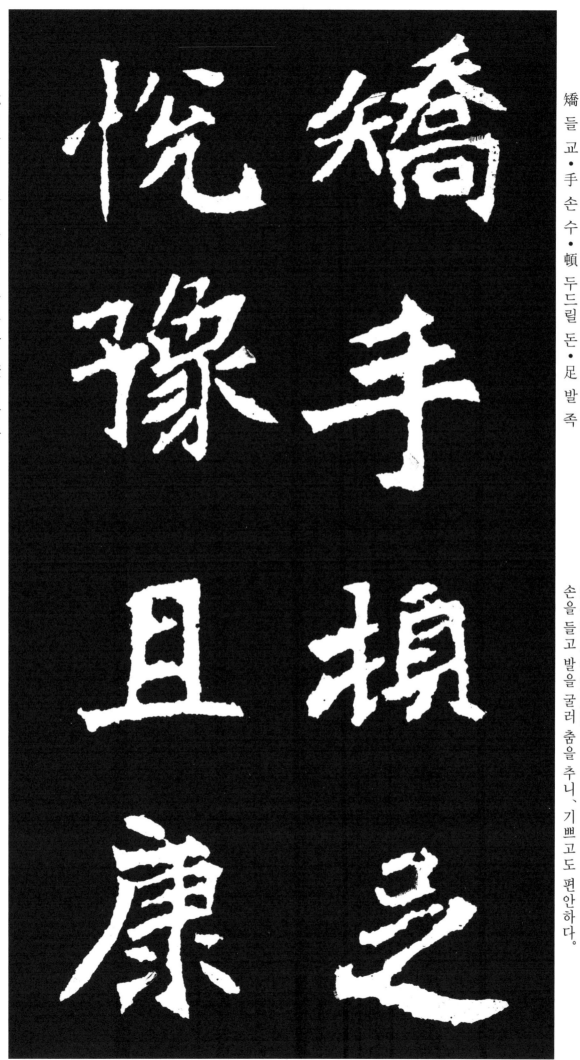

矯 들 교・手 손 수・頓 두드릴 돈・足 발 족

矯手頓足 悅豫且康
손을 들고 발을 굴러 춤을 추니、기쁘고도 편안하다。

悅 기쁠 열・豫 기쁠 예・且 또 차・康 편안 강

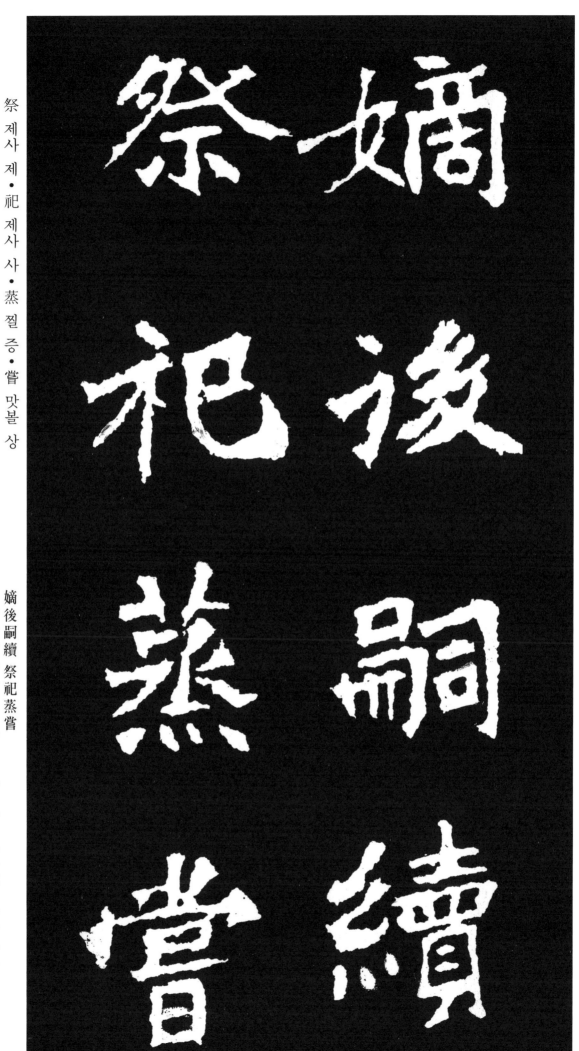

嫡 맏 적 · 後 뒤 후 · 嗣 이을 사 · 續 이를 속

祭 제사 제 · 祀 제사 사 · 蒸 찔 증 · 嘗 맛볼 상

嫡後嗣續 祭祀蒸嘗
적장자는 가문의 맥을 이어, 겨울의 증(蒸)제사와 가을의
상(嘗)제사를 지낸다.

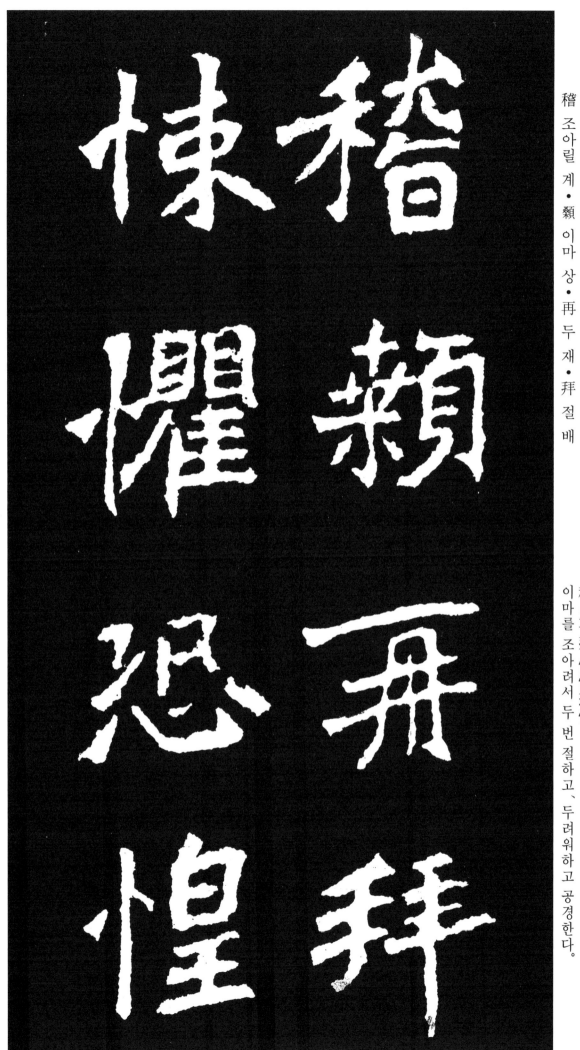

稽 조아릴 계 • 顙 이마 상 • 再 두 재 • 拜 절 배

悚 두려울 송 • 懼 두려울 구 • 恐 두려울 공 • 惶 두려울 황

稽顙再拜 悚懼恐惶
이마를 조아려서 두 번 절하고, 두려워하고 공경한다.

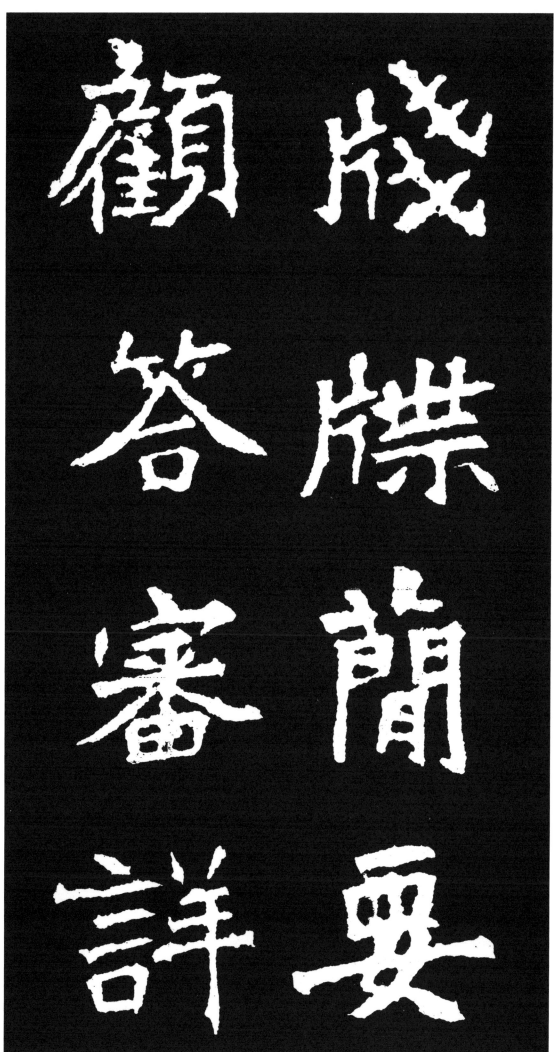

牋 편지 전 · 牒 편지 첩 · 簡 대쪽 간 · 要 중요할 요

顧 돌아볼 고 · 答 대답 답 · 審 살필 심 · 詳 자세할 상

牋牒簡要 顧答審詳
편지는 간단명료해야 하고, 안부를 묻거나 대답할 때에는
자세히 살펴서 명백히 해야 한다.

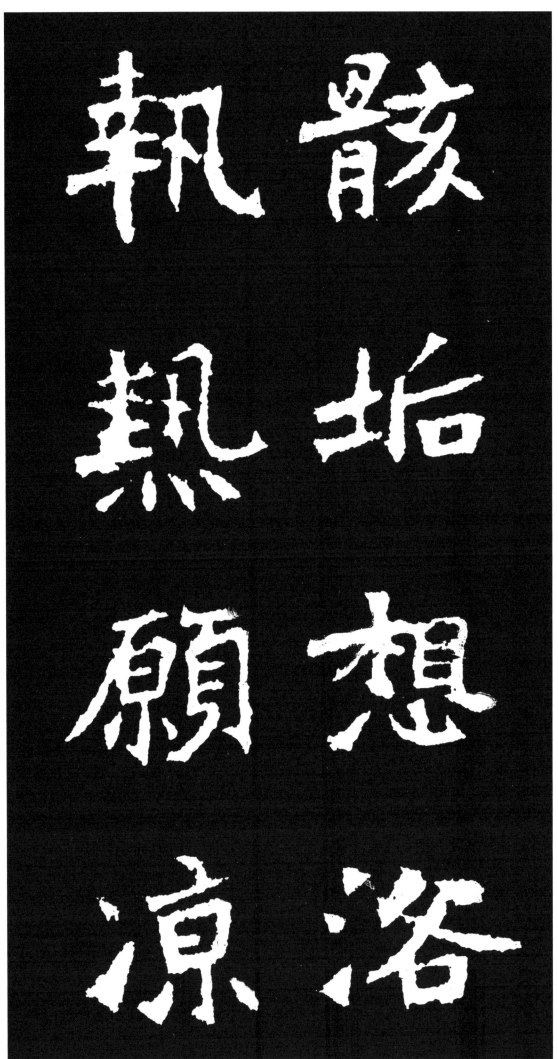

骸 뼈 해 · 垢 때 구 · 想 생각 상 · 浴 목욕 욕

執 잡을 집 · 熱 더울 열 · 願 원할 원 · 涼 서늘할 량

骸垢想浴 執熱願涼
몸에 때가 끼면 목욕할 것을 생각하고, 뜨거운 것을 잡으면 시원하기를 바란다.

116

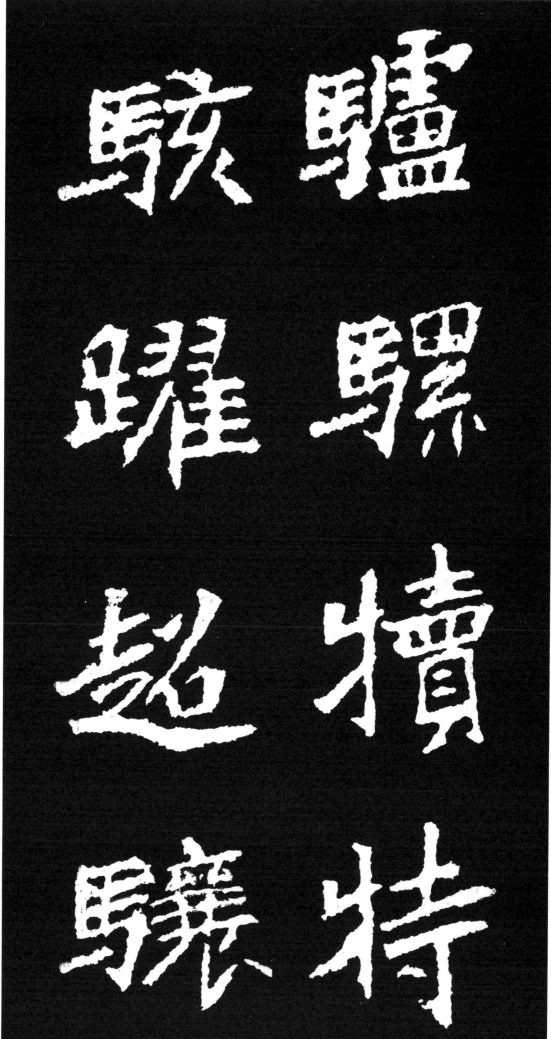

驢 나귀 려 · 騾 노새 라 · 犢 송아지 독 · 特 수소 특(특별할 특)

駭 놀랄 해 · 躍 뛸 약 · 超 뛰어넘을 초 · 驤 달릴 양

驢騾犢特 駭躍超驤

나귀와 노새와 송아지와 소들이、 놀라서 뛰고 달린다。

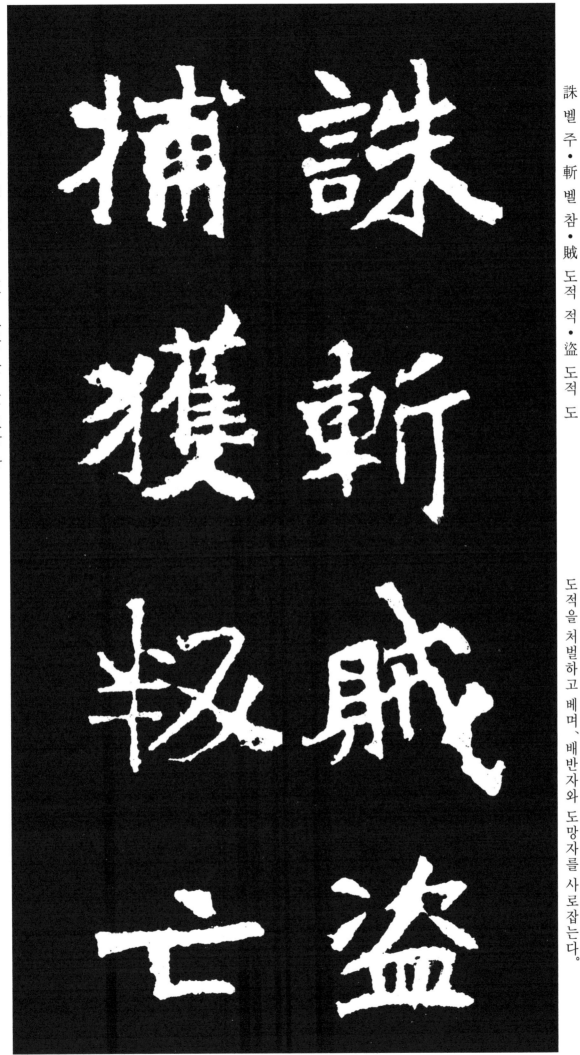

誅 벨주・斬 벨참・賊 도적 적・盜 도적 도

捕 잡을 포・獲 얻을 획・叛 배반할 반・亡 도망 망

誅斬賊盜 捕獲叛亡
도적을 처벌하고 베며、 배반자와 도망자를 사로잡는다。

118

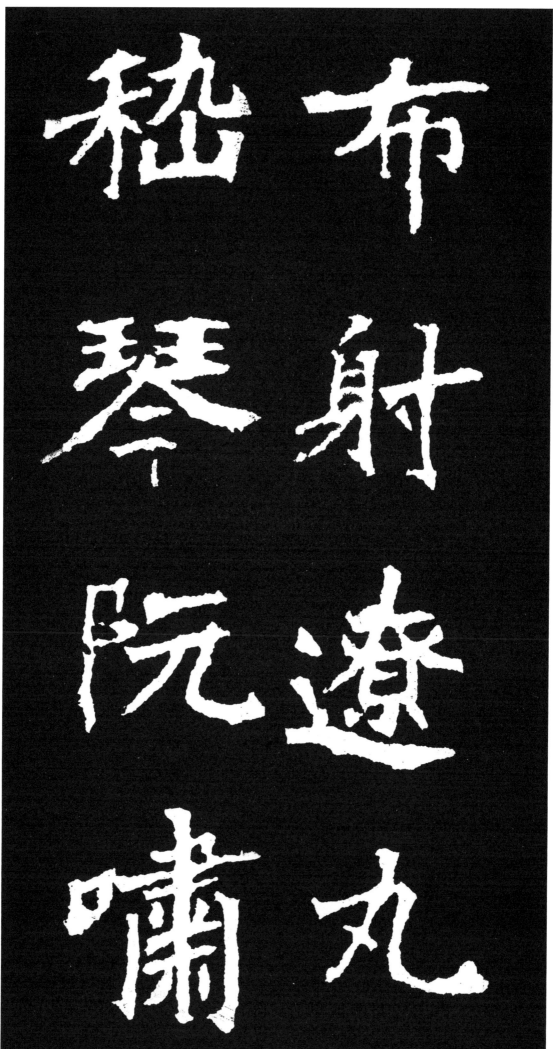

布 베 포・射 쏠 사・僚 벗 료・丸 탄환 환

嵆 산이름 혜・琴 거문고 금・阮 성 완・嘯 휘파람 소

布射僚丸 嵆琴阮嘯
여포(呂布)의 활쏘기、웅의료(熊宜僚)의 탄환 돌리기며、혜강(嵇康)의 거문고 타기、완적(阮籍)의 휘파람은 모두
유명하다。

恬 편안할 염 • 筆 붓 필 • 倫 인륜 륜 • 紙 종이 지

恬筆倫紙 釣巧任釣
몽염(蒙恬)은 붓을 만들고、채륜(蔡倫)은 종이를 만들었
고、마균(馬鈞)은 기교가 있었고、임공자(任公子)는 낚시를
잘했다.

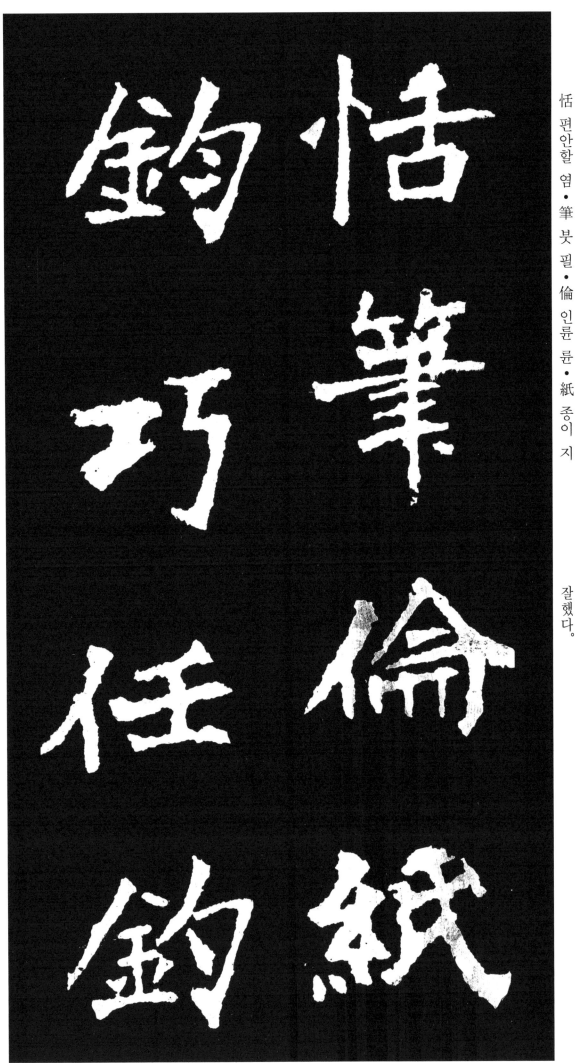

釣 무거울 균 • 巧 공교할 교 • 任 맡길 임 • 釣 낚시 조

120

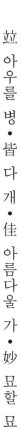
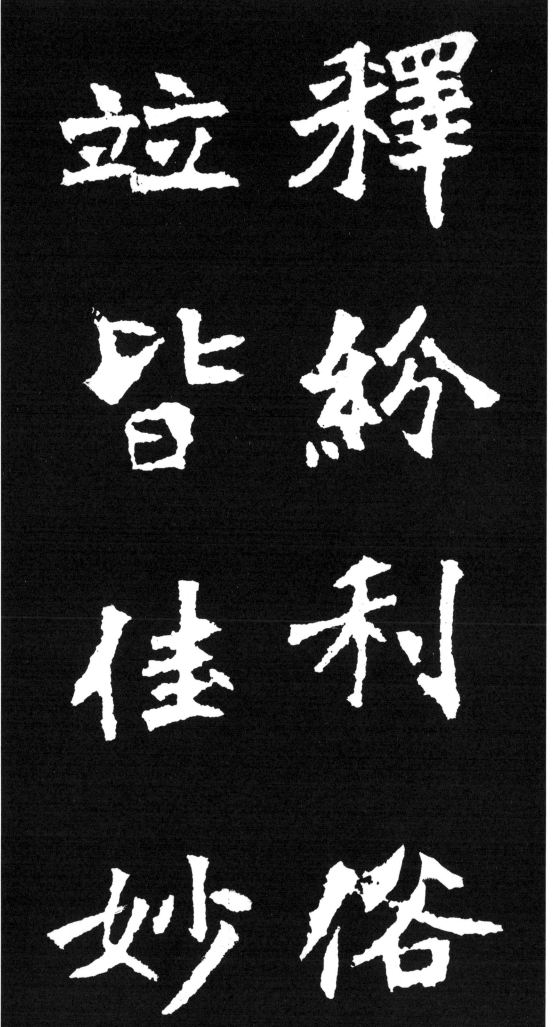

釋紛利俗 竝皆佳妙

어지러움을 풀어 세상을 이롭게 하였으니, 이들은 모두
다 아름답고 묘한 사람들이다.

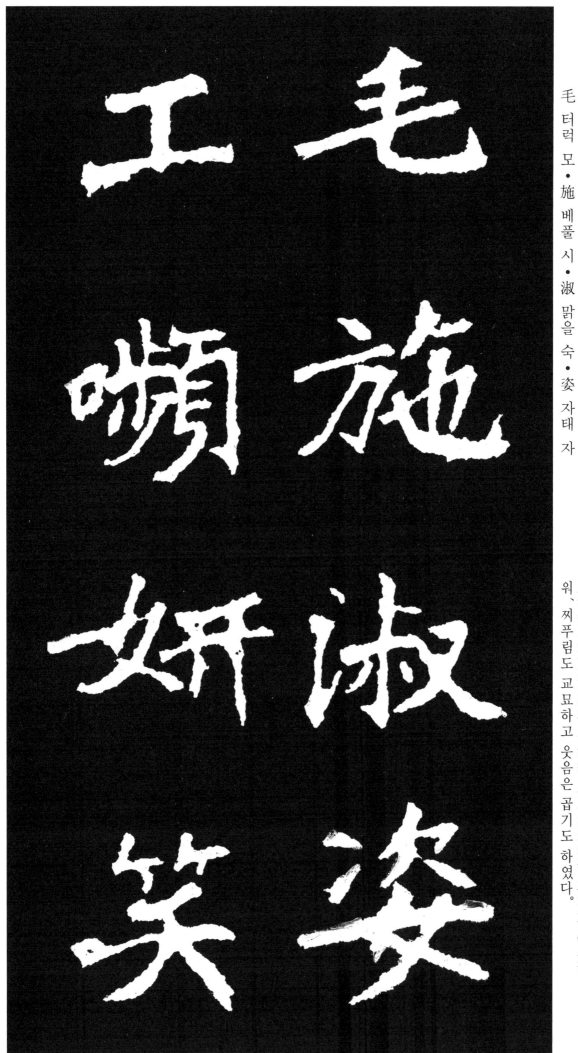

毛 터럭 모 · 施 베풀 시 · 淑 맑을 숙 · 姿 자태 자

工 장인 공 · 嚬 찡그릴 빈 · 妍 고울 연 · 笑 웃음 소

毛施淑姿 工嚬妍笑
오나라 모장(毛嬙)과 월나라 서시(西施)는 자태가 아름다
워, 찌푸림도 교묘하고 웃음은 곱기도 하였다。

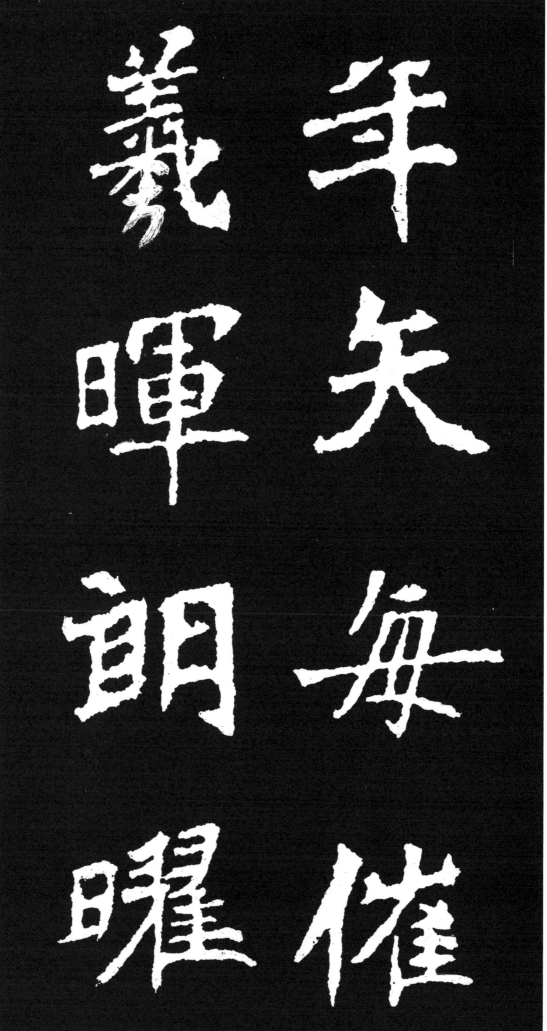

年 해 년 • 矢 화살 시 • 每 매양 매 • 催 재촉할 최

羲 복희 희 • 暉 햇빛 휘 • 朗 밝을 랑 • 曜 빛날 요

年矢每催 羲暉朗曜
세월은 살같이 매양 빠르기를 재촉하건만, 햇빛은 밝고 빛나기만 하구나.

123

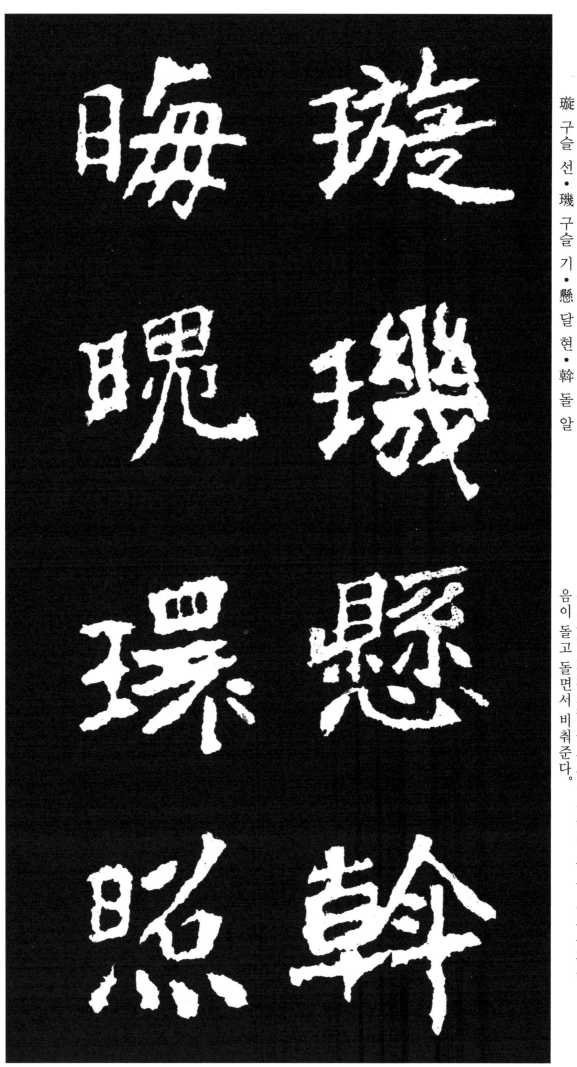

璇 구슬 선 • 璣 구슬 기 • 懸 달 현 • 斡 돌 알

晦 그믐 회 • 魄 넋 백 • 環 고리 환 • 照 비칠 조

璇璣懸斡 晦魄環照
선기옥형(璇璣玉衡)은 공중에 매달려 돌고, 어두움과 밝음이 돌고 돌면서 비춰준다.

124

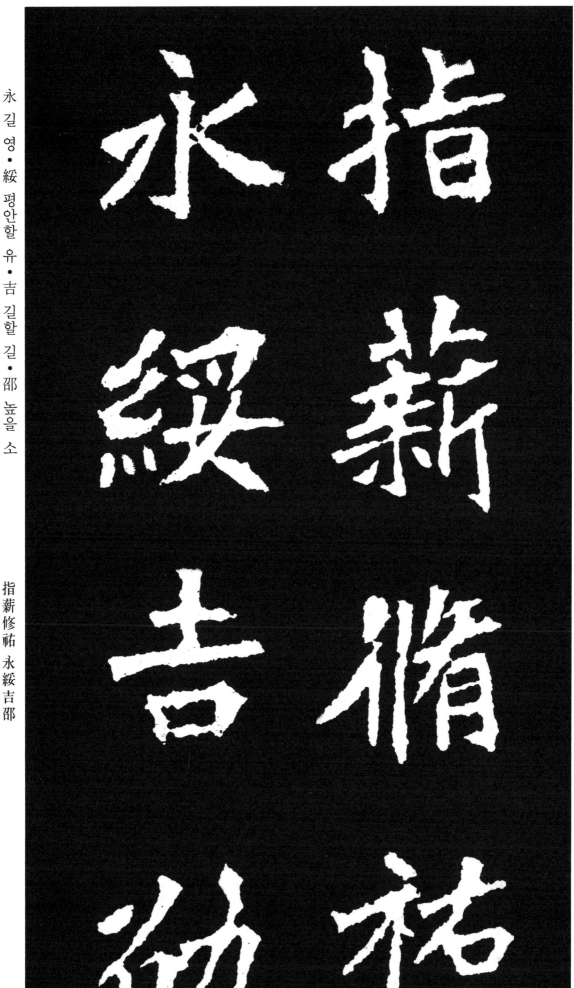

指 가리킬 지 • 薪 섶 신 • 修 닦을 수 • 祐 복 우 / 도울 우

永 길 영 • 綏 평안할 유 • 吉 길할 길 • 邵 높을 소

指薪修祐 永綏吉邵
복을 닦는 것이 나무섶과 불씨를 옮기는 데 비유될 정도면, 길이 편안하여 상서로움이 높아지리라.

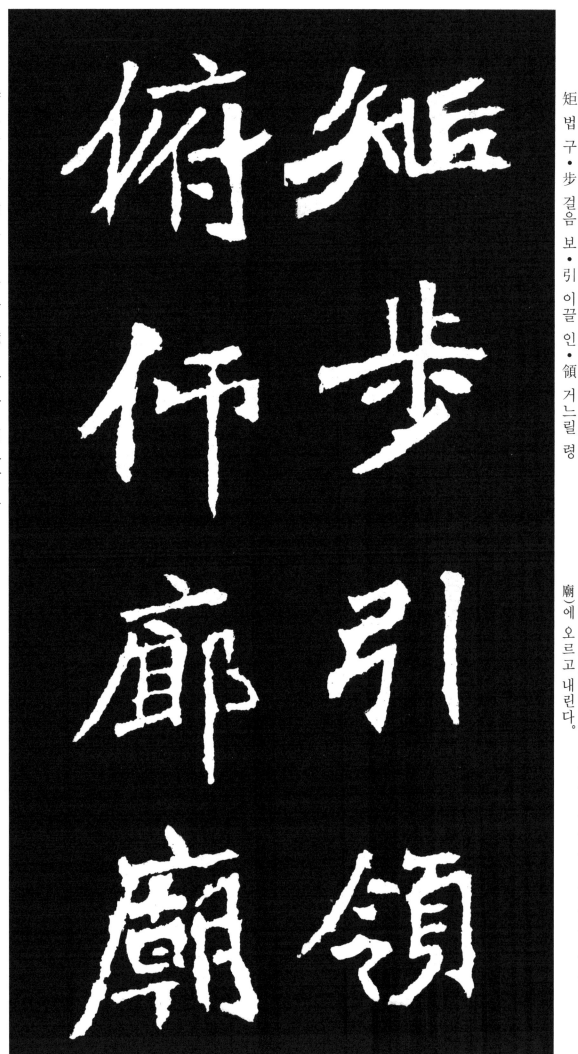

矩 법 구 • 步 걸음 보 • 引 이끌 인 • 領 거느릴 령

矩步引領 俯仰廊廟
걸음걸이를 바르게 하여 옷차림을 단정히 하고, 낭묘(廊廟)에 오르고 내린다.

俯 구부릴 부 • 仰 우러러볼 앙 • 廊 행랑 랑 • 廟 사당 묘

126

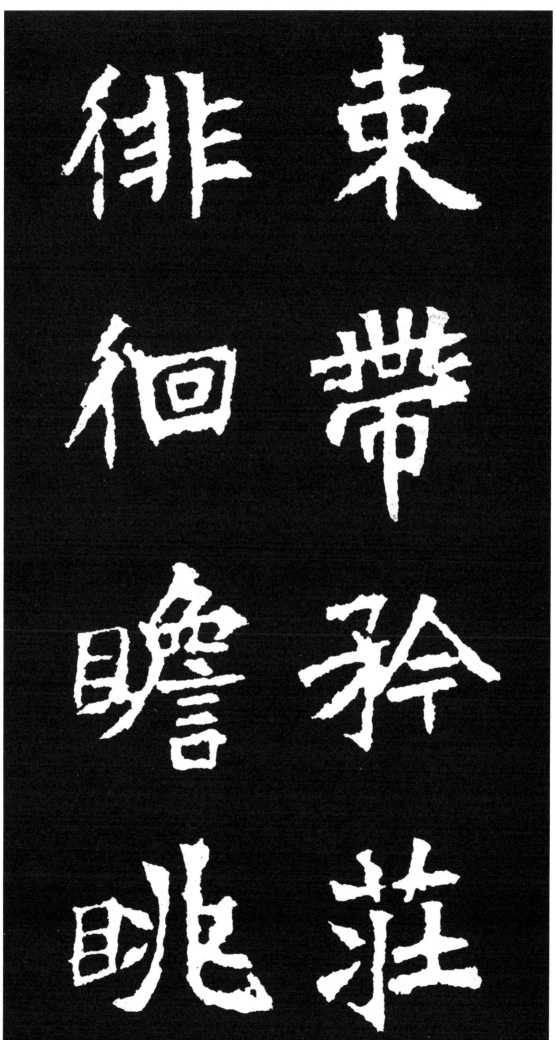

徘 배회할 배 • 徊 배회할 회 • 瞻 볼 첨 • 眺 바라볼 조

束帶矜莊 徘徊瞻眺
띠를 묶는 등 경건하게 하고、배회하며 우러러본다.

127

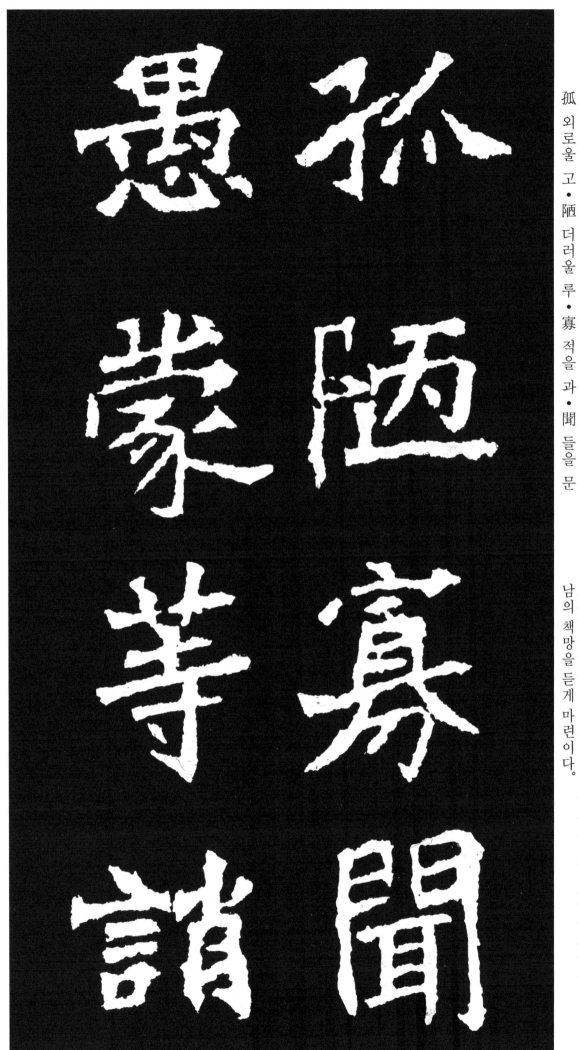

孤 외로울 고 • 陋 더러울 루 • 寡 적을 과 • 聞 들을 문

孤陋寡聞 愚蒙等誚
고루하고 배움이 적으면 어리석고 몽매한 자들과 같아서 남의 책망을 듣게 마련이다.

愚 어리석을 우 • 蒙 어릴 몽 • 等 무리 등 • 誚 꾸짖을 초

128

焉 이끼 언・哉 이끼 재・乎 온 호・也 이끼 야

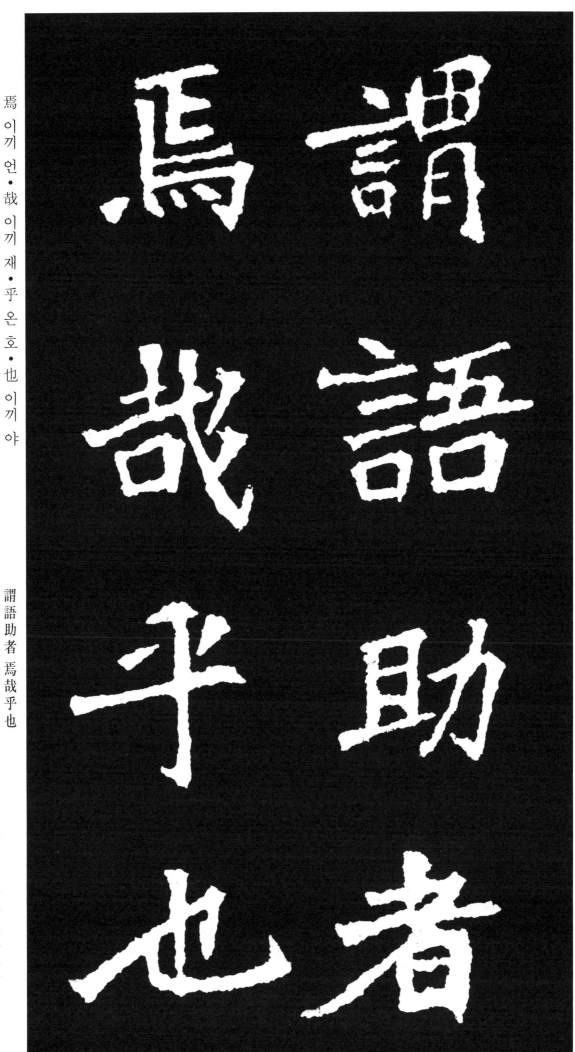

謂語助者 焉哉乎也

어조사라 이르는 것에는 언(焉)・재(哉)・호(乎)・야(也)가 있다.

千 字 文 索 引 目 錄

국	鞠	칠 국	24
	國	나라 국	16
군	軍	군사 군	79
	群	무리 군	64
	君	임금 군	35
	郡	고을 군	81
궁	宮	집 궁	58
	躬	몸 궁	93
권	勸	권할 권	88
궐	闕	대궐 궐	11
	厥	그 궐	92
귀	歸	돌아갈 귀	20
	貴	귀할 귀	45
규	規	법 규	50
균	鈞	무거울 균	120
극	克	이길 극	30
	極	극진 극	93
근	根	뿌리 근	101
	謹	삼갈 근	90
	近	가까울 근	94
금	禽	새 금	59
	琴	거문고 금	119
	金	쇠 금	10
급	給	줄 급	67
	及	미칠 급	22
긍	矜	자랑 긍	127
기	璣	구슬 기	124
	其	그 기	92
	器	그릇 기	28
	氣	기운 기	49
	譏	나무랄 기	93
	己	몸 기	27
	綺	비단 기	74
	豈	어찌 기	24
	旣	이미 기	64
	起	일어날 기	79
	飢	주릴 기	106
	基	터 기	92
	機	틀 기	95

	谷	골 곡	32
곤	昆	맏 곤	84
	崑	메 곤	10
	鵾	고니 곤	102
	困	곤할 곤	76
공	公	귀공 공	73
	恭	공손 공	24
	孔	구멍 공	49
	拱	꽂을 공	18
	恐	두려울 공	114
	貢	바칠 공	88
	空	빌 공	32
	工	장인 공	122
	功	공 공	70
과	寡	적을 과	128
	過	허물 과	26
	果	실과 과	12
관	官	벼슬 관	14
	觀	볼 관	58
	冠	갓 관	68
광	匡	바를 광	73
	曠	빌 광	85
	光	빛 광	11
	廣	넓을 광	63
괴	槐	괴화나무 괴	66
괵	虢	나라 괵	77
교	矯	들 교	112
	交	사귈 교	50
	巧	공교할 교	120
구	求	구할 구	97
	懼	두려울 구	114
	垢	때 구	116
	駒	망아지 구	21
	驅	몰 구	68
	矩	법 구	126
	舊	옛 구	107
	口	입 구	105
	具	갖출 구	105
	九	아홉 구	81

131

	圖	그림 도	59
독	犢	송아지 독	117
	讀	읽을 독	103
	獨	홀로 독	102
	篤	도타울 독	41
돈	頓	두드릴 돈	112
	敦	도타울 돈	89
동	洞	고을 동	84
	東	동녘 동	56
	桐	오동 동	100
	動	움직일 동	53
	同	한가지 동	49
	冬	겨울 동	7
두	杜	막을 두	65
득	得	얻을 득	26
등	等	무리 등	128
	登	오를 등	43
	騰	오를 등	9
라	騾	노새 라	117
	羅	벌릴 라	66
락	落	떨어질 락	101
	樂	즐거울 락	45
	洛	낙수 락	57
란	蘭	난초 란	38
람	藍	쪽 람	110
랑	廊	행랑 랑	126
	朗	밝을 랑	123
래	來	올 래	7
량	糧	양식 량	107
	良	어질 량	25
	量	헤아릴 량	28
	涼	서늘할 량	116
	兩	두 량	95
려	麗	고울 려	10
	驢	나귀 려	117
	慮	생각 려	97
	呂	법 려	8
	黎	검을 려	19
력	力	힘 력	36

	幾	몇 기	90
길	吉	길할 길	125
난	難	어려울 난	28
남	男	사내 남	25
	南	남녘 남	87
납	納	들일 납	62
낭	囊	주머니 낭	103
내	內	안 내	63
	乃	이에 내	15
	柰	벗 내	12
녀	女	계집 녀	25
년	年	해 년	123
념	念	생각할 념	30
녕	寧	편안할 녕	75
농	農	농사 농	86
능	能	능할 능	26
다	多	많을 다	75
단	丹	붉을 단	80
	旦	아침 단	72
	短	짧을 단	27
	端	끝 단	31
달	達	통달 달	63
담	淡	맑을 담	13
	談	말씀 담	27
답	答	대답 답	115
당	當	마땅 당	36
	棠	아가위 당	44
	堂	집 당	32
	唐	나라 당	16
대	對	대할 대	60
	帶	띠 대	127
	大	큰 대	23
	岱	대산 대(메대)	82
덕	德	큰 덕	31
도	途	길 도	77
	道	길 도	18
	都	도읍 도	53
	盜	도적 도	118
	陶	질그릇 도	16

	磨	갈 마	50
막	邈	멀 막	85
	漠	아득할 막	80
	莫	말 막	26
만	晚	늦을 만	100
	萬	일만 만	22
	滿	가득할 만	54
망	罔	말 망 (없을 망)	27
	邙	터 망	57
	忘	잊을 망	26
	莽	풀 망	99
	亡	도망 망	118
매	寐	잘 매	110
	每	매양 매	123
맹	盟	맹세 맹	77
	孟	맏 맹	89
면	綿	솜 면	85
	眠	졸 면	110
	勉	힘쓸 면	92
	面	낯 면	57
멸	滅	멸할 멸	77
명	明	밝을 명	63
	銘	새길 명	70
	冥	어두울 명	85
	鳴	울 명	21
	名	이름 명	31
	命	목숨 명	36
모	慕	사모할 모	25
	母	어머니 모	47
	毛	터럭 모	122
	貌	모양 모	91
목	目	눈 목	103
	牧	칠 목	79
	睦	화목할 목	46
	木	나무 목	22
몽	蒙	어릴 몽	128
묘	廟	사당 묘	126
	杳	아득할 묘	85
	畝	이랑 묘	87

련	歷	지날 력	99
	輦	수레 련	68
	連	연할 련	49
렬	列	벌릴 렬	6
	烈	매울 렬	25
렴	廉	청렴할 렴	52
령	靈	신령 령	59
	令	하여금 령	41
	聆	들을 령	91
	領	거느릴 령	126
례	禮	예도 례	45
로	勞	수고로울 로	90
	露	이슬 로	9
	路	길 로	66
	老	늙을 로	107
록	祿	녹 록	69
론	論	논할 론	97
뢰	賴	힘입을 뢰	22
료	僚	벗 료	119
	寥	고요할 료	96
룡	龍	용 룡	14
루	樓	다락 루	58
	累	누끼칠 루	98
	陋	더러울 루	128
류	流	흐를 류	39
륜	倫	인륜 륜	120
률	律	법 률	8
륵	勒	새길 륵	70
릉	凌	능멸할 릉	102
리	離	떠날 리	51
	履	밟을 리	37
	李	오얏 리	12
	利	이로울 리	121
	理	다스릴 리	91
린	鱗	비늘 린	13
림	林	수풀 림	94
	臨	임할 림	37
립	立	설 립	31
마	摩	만질 마	102

번	煩	번거로울 번	78
벌	伐	칠 벌	17
법	法	법 법	78
벽	壁	벽 벽	65
	璧	구슬 벽	34
변	辨	분변할 변	91
	弁	고깔 변	62
별	別	분별할 별	45
병	丙	남녘 병	60
	幷	아우를 병	81
	並	아우를 병	121
	秉	잡을 병	89
	兵	군사 병	67
보	寶	보배 보	34
	步	걸음 보	126
복	福	복 복	33
	伏	엎드릴 복	19
	服	입을 복	15
	覆	덮을 복	28
본	本	근본 본	86
봉	封	봉할 봉	67
	鳳	새 봉	21
	奉	받들 봉	47
부	浮	뜰 부	57
	府	마을 부	66
	富	부자 부	69
	扶	붙들 부	73
	傅	스승 부	47
	婦	지어미 부	46
	父	아비 부	35
	阜	언덕 부	72
	夫	지아비 부	46
	俯	구부릴 부	126
분	墳	무덤 분	64
	分	나눌 분	50
	紛	어지러울 분	121
불	不	아닐 불	39
	弗	아닐 불 (말불)	51
비	飛	날 비	58

	妙	묘할 묘	121
무	無	없을 무	42
	武	호반 무	74
	務	힘쓸 무	86
	茂	성할 무	70
묵	默	잠잠할 묵	96
	墨	먹 묵	29
문	文	글월 문	15
	聞	들을 문	128
	門	문 문	83
	問	물을 문	18
물	勿	말 물	75
	物	만물 물	54
미	美	아름다울 미	41
	微	작을 미	72
	靡	아닐 미	27
	糜	얽을 미	55
민	民	백성 민	17
밀	密	빽빽할 밀	75
박	薄	엷을 박	37
반	飯	밥 반	105
	叛	배반할 반	118
	盤	소반 반	58
	磻	돌 반	71
발	發	필 발	17
	髮	터럭 발	23
방	紡	길쌈 방	108
	方	모 방	22
	房	방 방	108
	傍	곁 방	60
배	陪	모실 배	68
	徘	배회할 배	127
	盃	잔 배	111
	拜	절 배	114
	背	등 배	57
백	伯	맏 백	48
	百	일백 백	81
	白	흰 백	21
	魄	넋 백	124

	上	윗 상	46		卑	낮을 비	45
	顙	이마 상	114		碑	비석 비	70
	詳	자세할 상	115		枇	비파 비	100
	觴	잔 상	111		肥	살찔 비	69
	裳	치마 상	15		悲	슬플 비	29
	象	코끼리 상	110		匪	아닐 비	52
	牀	평상 상	110		非	아닐 비	34
	翔	날 상 (날개 상)	13		比	견줄 비	48
새	塞	변방 새	83	빈	嚬	찡그릴 빈	122
색	色	빛 색	91		賓	손 빈	20
	索	찾을 색	96	사	四	넉 사	23
	穡	거둘 색	86		辭	말씀 사	40
생	笙	생황 생	61		沙	모래 사	80
	生	날 생	10		謝	말씀 사	98
서	書	글 서	65		肆	베풀 사	61
	黍	기장 서	87		仕	벼슬 사	43
	暑	더울 서	7		思	생각 사	40
	西	서녘 서	56		士	선비 사	75
	庶	거의 서 (여럿 서)	90		師	스승 사	14
석	席	자리 석	61		絲	실 사	29
	夕	저녁 석	110		射	쏠 사	119
	釋	풀 석	121		寫	베낄 사	59
	石	돌 석	84		史	역사 사	89
선	膳	반찬 선	105		斯	이 사	38
	宣	베풀 선	80		嗣	이을 사	113
	扇	부채 선	109		事	일 사	35
	仙	신선 선	59		祀	제사 사	113
	善	착할 선	33		舍	집 사	60
	禪	터닦을 선	82		使	하여금 사	28
	璇	구슬 선	124		似	같을 사	38
설	說	말씀 설 이름 열	74	산	散	흩을 산	97
	設	베풀 설	61	상	常	떳떳할 상	23
섭	攝	잡을 섭	43		嘗	맛볼 상	113
성	省	살필 성	93		箱	상자 상	103
	聖	성인 성	30		賞	상줄 상	88
	性	성품 성	53		傷	상할 상	24
	盛	성할 성	38		想	생각 상	116
	聲	소리 성	32		相	서로 상	66
	成	이룰 성	8		霜	서리 상	9

	夙	일찍 숙	37
	熟	익을 숙	88
	宿	잘 숙	6
	俶	비로소 숙	87
	孰	누구 숙	72
순	筍	댓순 순	110
슬	瑟	비파 슬	61
습	習	익힐 습	32
승	陞	오를 승	62
	承	이을 승	63
시	時	때 시	71
	侍	모실 시	108
	恃	믿을 시	27
	施	베풀 시	122
	始	비로소 시	15
	是	이 시	34
	市	저자 시	103
	矢	화살 시	123
	詩	글 시	29
식	息	쉴 식	39
	植	심을 식	92
	寔	이 식	75
	食	밥 식	21
신	身	몸 신	23
	信	믿을 신	28
	愼	삼갈 신	41
	新	새 신	88
	薪	섶 신	125
	臣	신하 신	19
	神	귀신 신	53
실	實	열매 실	70
심	心	마음 심	53
	審	살필 심	115
	甚	심할 심	42
	尋	찾을 심	97
	深	깊을 심	37
아	兒	아이 아	48
	阿	언덕 아	71
	雅	바를 아	55

	城	재 성	83
	誠	정성 성	41
	星	별 성	62
세	世	인간 세	69
	歲	해 세	8
	稅	구실 세	88
소	逍	노닐 소	97
	所	바 소	42
	素	흴 소	89
	疏	성글 소	95
	笑	웃음 소	122
	少	젊을 소	107
	霄	하늘 소	102
	嘯	휘파람 소	119
	邵	높을 소	125
속	束	묶을 속	127
	屬	붙일 (촉)속	104
	續	이를 속	113
	俗	풍속 속	121
손	飧	밥 손	105
솔	率	거느릴 솔	20
송	松	소나무 송	38
	悚	두려울 송	114
수	樹	나무 수	21
	誰	누구 수	95
	殊	다를 수	45
	修	닦을 수	125
	垂	드리울 수	18
	隨	따를 수	46
	首	머리 수	19
	岫	멧부리 수	85
	水	물 수	10
	受	받을 수	47
	手	손 수	112
	守	지킬 수	54
	獸	짐승 수	59
	收	거둘 수	7
숙	淑	맑을 숙	122
	叔	아저씨 숙	48

	姸	고울 연	122
열	熱	더울 열	116
	悅	기쁠 열	112
염	厭	싫을 염	106
	染	물들일 염	29
	恬	편안할 염	120
엽	葉	잎 엽	101
영	營	경영할 영	72
	楹	기둥 영	60
	永	길 영	125
	英	꽃부리 영	64
	映	비칠 영	39
	榮	영화 영	42
	詠	읊을 영	44
	盈	찰 영	6
	纓	갓끈 영	68
예	譽	기릴 예	80
	隸	글씨 예	65
	豫	기쁠 예	112
	藝	재주 예	87
	乂	어질 예	75
	翳	가릴 예	101
오	梧	오동 오	100
	五	다섯 오	23
옥	玉	구슬 옥	10
온	溫	더울 온	37
완	阮	성 완	119
	翫	구경 완	103
왈	曰	가로 왈	35
왕	王	임금 왕	20
	往	갈 왕	7
외	外	바깥 외	47
	畏	두려울 외	104
요	飆	나부낄 요	101
	遙	노닐 요	97
	曜	빛날 요	123
	要	중요할 요	115
욕	辱	욕될 욕	94
	欲	하고자할 욕	28

	我	나 아	87
악	嶽	큰산 악	82
	惡	사나울 악	33
안	安	편안 안	40
	雁	기러기 안	83
알	斡	돌 알	124
암	巖	바위 암	85
앙	仰	우러러볼 앙	126
애	愛	사랑 애	19
야	夜	밤 야	11
	也	이끼 야	129
	野	들 야	84
약	躍	뛸 약	117
	弱	약할 약	73
	約	맺을 약	78
	若	같을 약	40
양	驤	달릴 양	117
	陽	볕 양	8
	讓	사양 양	16
	羊	양 양	29
	養	기를 양	24
어	御	모실 어	108
	魚	물고기 어	89
	於	어조사 어	86
	飫	배부를 어	106
	語	말씀 어	129
언	焉	이끼 언	129
	言	말씀 언	40
엄	嚴	엄할 엄	35
	奄	문득 엄	72
업	業	업 업	42
여	餘	남을 여	8
	與	더불 여	35
	如	같을 여	38
역	亦	또 역	64
연	淵	못 연	39
	緣	인연 연	33
	筵	자리 연	61
	讌	잔치 연	111

	有	있을 유	16
	帷	장막 유	108
	猷	꾀 유	92
	綏	평안할 유	125
육	育	기를 육	19
윤	閏	윤달 윤	8
	尹	맏 윤	71
융	戎	되 융	19
은	隱	숨을 은	51
	銀	은 은	109
	殷	나라 은	17
음	音	소리 음	91
	陰	그늘 음	34
읍	邑	고을 읍	56
의	意	뜻 의	54
	宜	마땅 의	41
	義	옳을 의	52
	衣	옷 의	15
	疑	의심할 의	62
	儀	거동 의	47
이	耳	귀 이	104
	異	다를 이	107
	二	두 이	56
	而	말이을 이	44
	易	쉬울 이	104
	以	써 이	44
	移	옮길 이	54
	伊	저 이	71
	貽	줄 이	92
	邇	가까울 이	20
익	益	더할 익	44
인	人	사람 인	14
	仁	어질 인	51
	引	이끌 인	126
	因	인할 인	33
일	逸	편안할 일	53
	壹	한 일	20
	日	날 일	6
임	任	맡길 임	120

	浴	목욕 욕	116
용	用	쓸 용	79
	容	얼굴 용	40
	庸	떳떳할 용	90
우	虞	나라 우	16
	優	넉넉할 우	43
	友	벗 우	50
	祐	복 우, 도울 우	125
	寓	붙일 우	103
	雨	비 우	9
	愚	어리석을 우	128
	右	오른 우	63
	禹	임금 우	81
	宇	집 우	5
	羽	깃 우	13
운	運	운전 운	102
	云	이를 운	82
	雲	구름 운	9
울	鬱	답답 울	58
원	園	동산 원	99
	圓	둥글 원	109
	遠	멀 원	85
	願	원할 원	116
	垣	담 원	104
월	月	달 월	6
위	委	맡길 위	101
	位	벼슬 위	16
	渭	위수 위	57
	威	위엄 위	80
	謂	이를 위	129
	爲	할 위	9
	煒	빛날 위	109
	魏	나라 위	76
유	輶	가벼울 유	104
	遊	놀 유	102
	攸	바 유	104
	維	벼리 유	30
	惟	오직 유	24
	猶	같을 유	48

	寂	고요할 적	96
전	田	밭 전	83
	典	법 전	64
	顚	엎어질 전	52
	殿	집 전	58
	傳	전할 전	32
	轉	구를 전	62
	輾	자를 전	79
	牋	편지 전	115
절	節	마디 절	52
	切	간절 절	50
접	接	접할 접	111
정	貞	곧을 정	25
	庭	뜰 정	84
	情	뜻 정	53
	正	바를 정	31
	丁	고무래 정	74
	政	정사 정	43
	亭	정자 정	82
	定	정할 정	40
	精	정교할 정	79
	靜	고요 정	53
제	諸	모두 제	48
	弟	아우 제	49
	帝	임금 제	14
	祭	제사 제	113
	制	지을 제	15
	濟	건널 제	73
조	調	고를 조	8
	組	끈 조 (짤 조)	95
	趙	나라 조	76
	釣	낚시 조	120
	助	도울 조	129
	眺	바라볼 조	127
	照	비칠 조	124
	鳥	새 조	14
	凋	시들 조	100
	朝	아침 조	18
	早	이를 조	100

입	入	들 입	47
자	者	놈 자	129
	紫	붉을 자	83
	慈	사랑 자	51
	自	스스로 자	55
	子	아들 자	48
	玆	이 자	86
	姿	자태 자	122
	資	자료 자	35
	字	글자 자	15
작	作	지을 작	30
	爵	벼슬 작	55
잠	潛	잠길 잠	13
	箴	경계할 잠	50
장	章	글월 장	18
	長	긴 장	27
	墻	담 장	104
	場	마당 장	21
	張	베풀 장	6
	莊	씩씩할 장	127
	帳	장막 장	60
	將	장수 장	66
	腸	창자 장	105
	藏	감출 장	7
재	載	실을 재	87
	哉	이끼 재	129
	在	있을 재	21
	宰	재상 재	106
	才	재주 재	25
	再	두 재	114
적	的	마침 적	99
	績	길쌈 적	108
	賊	도적 적	118
	適	마침 적	105
	嫡	맏 적	113
	赤	붉을 적	83
	積	쌓을 적	33
	跡	자취 적	81
	籍	호적 적	42

	池	못 지	84
	紙	종이 지	120
	指	가리킬 지	125
	知	알 지	26
직	職	벼슬 직	43
	稷	피 직	87
	直	곧을 직	89
진	秦	나라 진	81
	盡	다할 진	36
	振	떨칠 진	68
	陳	베풀 진	101
	辰	별 진	6
	珍	보배 진	12
	眞	참 진	54
	晉	나라 진	76
집	執	잡을 집	116
	集	모을 집	64
징	澄	맑을 징	39
차	次	버금 차	51
	此	이 차	23
	且	또 차	112
찬	讚	기릴 찬	29
찰	察	살필 찰	91
참	斬	벨 참	118
창	唱	부를 창	46
채	菜	나물 채	12
	彩	채색 채	59
책	策	꾀 책	70
처	處	곳 처	96
척	陟	오를 척	88
	尺	자 척	34
	戚	겨레 척	107
	慼	슬플 척	98
천	踐	밟을 천	77
	千	일천 천	67
	賤	천할 천	45
	天	하늘 천	5
	川	내 천	39
첨	瞻	볼 첨	127

	操	잡을 조	55
	弔	조문할 조	17
	糟	술지게미 조	106
	造	지을 조	51
	條	가지 조	99
족	足	발 족	112
존	存	있을 존	44
	尊	높을 존	45
종	終	마칠 종	41
	鍾	쇠북 종	65
	從	좇을 종	43
	宗	마루 종	82
좌	坐	앉을 좌	18
	左	왼 좌	63
	佐	도울 좌	71
죄	罪	허물 죄	17
주	珠	구슬 주	11
	晝	낮 주	110
	周	두루 주	17
	酒	술 주	111
	奏	아뢸 주	98
	主	임금 주	82
	宙	집 주	5
	誅	벨 주	118
	州	고을 주	81
준	俊	준걸 준	75
	遵	좇을 준	78
중	重	무거울 중	12
	中	가운데 중	90
즉	卽	곧 즉	94
증	蒸	찔 증	113
	增	더할 증	93
지	枝	가지 지	49
	持	가질 지	55
	之	갈 지	38
	祗	공경 지	92
	止	그칠 지	40
	地	땅 지	5
	志	뜻 지	54

칠	漆	옷칠 칠	65
침	沈	잠길 침	96
칭	稱	일컬을 칭	11
탐	耽	즐길 탐	103
탕	湯	끓을 탕	17
태	殆	위태할 태	94
택	宅	집 택	72
토	土	흙 토	77
통	通	통할 통	63
퇴	退	물러갈 퇴	52
투	投	던질 투	50
특	特	수소 특 (특별할 특)	117
파	頗	자못 파	79
	杷	비파 파	100
팔	八	여덟 팔	67
패	沛	자빠질 패	52
	霸	으뜸 패	76
팽	烹	삶을 팽	106
평	平	평할 평	18
폐	弊	해질 폐	78
	陛	섬돌 폐	62
포	布	베 포	119
	捕	잡을 포	118
	飽	배부를 포	106
표	飄	나부낄 표	101
	表	겉 표	31
피	被	입을 피	22
	彼	저 피	27
	疲	피로할 피	53
필	筆	붓 필	120
	必	반드시 필	26
핍	逼	핍박할 핍	95
하	河	물 하	13
	下	아래 하	46
	何	어찌 하	78
	夏	여름 하	56
	荷	연꽃 하	99
	遐	멀 하	20
학	學	배울 학	43

첩	牒	편지 첩	115
	妾	첩 첩	108
청	靑	푸를 청	80
	聽	들을 청	32
	淸	서늘할 청	37
체	體	몸 체	20
초	誚	꾸짖을 초	128
	超	뛰어넘을 초	117
	招	부를 초	98
	初	처음 초	41
	草	풀 초	22
	楚	나라 초	76
촉	燭	촛불 촉	109
촌	寸	마디 촌	34
총	寵	고일 총	93
최	催	재촉할 최	123
	最	가장 최	79
추	推	밀 추	16
	抽	뺄 추	99
	秋	가을 추	7
축	逐	쫓을 축	54
출	黜	내칠 출	88
	出	날 출	10
충	忠	충성 충	36
	充	채울 충	105
취	吹	불 취	61
	取	취할 취	39
	翠	푸를 취	100
	聚	모을 취	64
측	惻	슬플 측	51
	昃	기울 측	6
치	馳	달릴 치	80
	恥	부끄러울 치	94
	侈	사치 치	69
	致	이를 치	9
	治	다스릴 치	86
칙	則	법 칙, 곧 즉	36
	勅	경계할 칙	90
친	親	친할 친	107

환	桓	굳셀 환	73
	歡	기쁠 환	98
	丸	탄환 환	119
	紈	흰깁 환	109
	環	고리 환	124
황	黃	누를 황	5
	惶	두려울 황	114
	煌	빛날 황	109
	皇	임금 황	14
	荒	거칠 황	5
회	回	돌아올 회	74
	會	모을 회	77
	徊	배회할 회	127
	懷	품을 회	49
	晦	그믐 회	124
획	獲	얻을 획	118
횡	橫	비낄 횡	76
효	孝	효도 효	36
	效	본받을 효	25
후	後	뒤 후	113
훈	訓	가르칠 훈	47
훼	毁	헐 훼	24
휘	暉	햇빛 휘	123
휴	虧	이지러질 휴	52
흔	欣	기쁠 흔	98
흥	興	일어날 흥	37
희	羲	복희 희	123

한	韓	나라 한	78
	閑	한가할 한	96
	漢	한수 한	74
	寒	찰 한	7
함	鹹	짤 함	13
합	合	모을 합	73
항	恒	항상 항	82
	抗	겨룰 항	93
해	海	바다 해	13
	骸	뼈 해	116
	解	풀 해	95
	駭	놀랄 해	117
행	行	다닐 행	30
	幸	다행 행	94
허	虛	빌 허	32
현	縣	고을 현	67
	懸	달 현	124
	賢	어질 현	30
	絃	줄 현	111
	玄	검을 현	5
협	俠	낄 협	66
형	衡	저울대 형	71
	馨	꽃다울 형	38
	刑	형벌 형	78
	形	형상 형	31
	兄	맏 형	49
혜	嵇	산이름 혜	119
	惠	은혜 혜	74
호	號	이름 호	11
	好	좋을 호	55
	戶	지게 호	67
	乎	온 호	129
홍	洪	넓을 홍	5
화	化	될 화	22
	火	불 화	14
	華	빛날 화	56
	禍	재화 화	33
	和	화할 화	46
	畵	그림 화	59

저 자 와
협의하에
인지생략

張猛龍千字文

2024년 2월 5일 12쇄 발행

지은이 | 윤 신 행 (尹信行)
　주소 | 경기도 수원시 장안구 영화동 444-6호
　전화 | 031-243-6056
　FAX | 031-254-8600

펴낸곳 | 書譜文人畵 서예문인화
펴낸이 | 이 홍 연
　주소 | 서울시 종로구 인사동길 12 대일빌딩 310호
　전화 | (02)738-9880(대표전화), (02)732-7091~3(도서주문)
　FAX | (02)725-5153
　홈페이지 | www.makebook.net

값 12,000 원

※ 잘못 만들어진 책은 바꾸어 드립니다.
※ 본 책의 그림 및 내용을 무단으로 복사 또는
　복제할 경우에는 저작권법의 제재를 받습니다.

ISBN 978-89-8145-651-1